utb 5928

Eine Arbeitsgemeinschaft der Verlage

Brill | Schöningh – Fink · Paderborn
Brill | Vandenhoeck & Ruprecht · Göttingen – Böhlau Verlag · Wien · Köln
Verlag Barbara Budrich · Opladen · Toronto
facultas · Wien
Haupt Verlag · Bern
Verlag Julius Klinkhardt · Bad Heilbrunn
Mohr Siebeck · Tübingen
Narr Francke Attempto Verlag – expert verlag · Tübingen
Psychiatrie Verlag · Köln
Ernst Reinhardt Verlag · München
transcript Verlag · Bielefeld
Verlag Eugen Ulmer · Stuttgart
UVK Verlag · München
Waxmann · Münster · New York
wbv Publikation · Bielefeld
Wochenschau Verlag · Frankfurt am Main

Peter Fischer, geb. 1973, ist Privatdozent am Institut für Soziologie der Technischen Universität Dresden. Er promovierte 2007 an der Westfälischen Wilhelms-Universität Münster und war u.a. an der Freien Universität Berlin und der Humboldt-Universität Berlin tätig.

Peter Fischer

Wissenschaftstheorie der Sozialwissenschaften

transcript Verlag, Bielefeld

Bibliografische Information der Deutschen Nationalbibliothek
Die Deutsche Nationalbibliothek verzeichnet diese Publikation in der Deutschen Nationalbibliografie; detaillierte bibliografische Daten sind im Internet über http://dnb.d-nb.de abrufbar.

utb-Bandnr. 5928
Print-ISBN 978-3-8252-5928-0
PDF-ISBN 978-3-8385-5928-5

Einbandgestaltung: siegel konzeption | gestaltung
Lektorat: Laura Kampmann
Satz: Michael Rauscher
Druck: Elanders GmbH, Waiblingen

Inhalt

»Thus there is a two-fold scientific aim: (1) the production of theory which agrees with experience; and (2) the explanation of commonsense concepts of nature, at least in their main outlines.«

Whitehead 1917: 140

1. Warum Wissenschaftstheorie?

Keywords: Drei Fallbeispiele – Wissenschaftstheorie als Metatheorie – multiparadigmatische Sozialwissenschaften

Der Frage »Warum Wissenschaftstheorie?« werden zum Einstieg drei kurze Fallbeispiele vorangestellt: Drei Fallbeispiele

Fallbeispiel 1: Die ehemalige japanische Stammzellenforscherin Haruko Obokata wurde im Jahr 2015 einer größeren Öffentlichkeit bekannt, allerdings nicht für neue bahnbrechende Ergebnisse im Bereich der Zellforschung. Sie gab öffentlich zu, Forschungsdaten und dazugehörige Verbildlichungen manipuliert zu haben, die u. a. in einem Artikel in der renommierten Zeitschrift »Science« veröffentlicht worden waren. Ihre Alma Mater, die Waseda-Universität in Tokio, entzog ihr daraufhin den Doktortitel, das Forschungsinstitut, für das sie tätig war, entließ sie.

Fallbeispiel 2: Im Rahmen der seit 2020 andauernden Corona-Pandemie, deren Bekämpfung bekanntermaßen Einschnitte in das öffentliche und z. T. auch in das private Leben erzwang, wurden wissenschaftskritische, aber auch offen wissenschaftsfeindliche Stimmen hörbar. Bekannt geworden ist u. a. eine, vor allem im Internet kursierende, auf mehreren Webseiten und Plattformen verbreitete Rede von der sogenannten »Corona-Lüge«[1]. Deren Inhalt beschreibt, knapp zusammengefasst, dass seitens der Politik und der Wissenschaft nicht die Wahrheit über Corona gesagt würde. Demnach verschwiegen Politiker*innen Informationen über das Virus, dieser sei allein eine Erfindung der Wissenschaft mit dem Ziel, der Gesellschaft zu schaden.

Fallbeispiel 3: Zu Beginn des 17. Jahrhunderts setzte sich recht schnell das Fernrohr als Beobachtungsinstrument für den Himmel durch. In Holland erfunden, wurde vor allem das sog. Galilei-Fernrohr – benannt nach dem Astronomen, Mathematiker und Philosophen Galileo Galilei – in Europa populär. Was auf den ersten Blick als Moment des wissenschaftlichen Fortschritts gedeutet werden kann, stellt sich auf den zweiten Blick wesentlich komplexer dar, denn nicht überall wurde das Fernrohr als Forschungsinstrument und -hilfsmittel akzeptiert. Die Weigerung, in das Fernrohr zu schauen, war kein Einzelfall. Berühmt geworden ist der Fall des tschechischen Astronomen Martin Horky. Dieser bestritt die Existenz der von Galilei entdeckten neuen Sterne und wollte die Phänomene aus Spiegeleffekten der Linsen des Fernrohrs sowie aus Galileis Geltungs- und Geldsucht erklärt wissen (vgl. Hemleben 1969: 50 f.).

Was haben diese drei kurzen Beispiele gemeinsam?

Sicherlich lassen sich die Fälle ganz unterschiedlich interpretieren, stützt man sich aber auf die Kernprobleme, die sie beschreiben, wird mit allen dreien ein Bezug zu Fragen der Wissenschaftstheorie möglich. Der erste Fall der Stammzellenforscherin zeigt ein eindeutiges Beispiel von *wissenschaftlichem Fehlverhalten*, der zweite Fall verweist auf *mangelhafte Anerkennung* der Wissenschaft in der Gesellschaft, der dritte Fall belegt das Problem, dass *Neuerungen* im wissenschaftlichen Feld nicht immer Akzeptanz finden. Es lohnt, diese

Beispiele näher zu betrachten und nach möglichen Konsequenzen für die Wissenschaft zu fragen.

Wissenschaftliches Fehlverhalten

Eindeutiges wissenschaftliches Fehlverhalten, wie im ersten Beispiel geschildert, scheint eher selten. Es ist davon auszugehen, dass sich das Gros der *scientific community* an die Spielregeln hält, doch fällt es gleichfalls nicht schwer, Verstöße in den Reihen der Sozialwissenschaften zu finden.[2] Demzufolge wird seit einigen Jahren fächerübergreifend eine Diskussion über Plagiate auf der einen, gute wissenschaftliche Praxis auf der anderen Seite geführt. Einiges deutet darauf hin, dass Betrug und Fehlverhalten in der Wissenschaft zunehmen (vgl. Weingart 2005: 41). Entscheidend für die Bewertung ist eher der Grad der Regelverletzung bzw. das, was als Fehlverhalten gewertet wird. Nur selten werden Daten so offensichtlich gefälscht wie im oben geschilderten Fall. Nimmt man gegenwärtig in der Öffentlichkeit diskutierte Probleme um falsche oder unzureichende Zitierweisen, plagiierte Stellen oder ausufernde Paraphrasierungen ernst, verweisen sie auf übergeordnete Fragen der Methodologie. Für Probleme des offensichtlichen Betrugs benötigt es keine Wissenschaftslehre, dennoch ist damit, aber auch mit minder schweren oder unbewussten Verstößen, die Frage nach den Regeln der Wissenschaft, aber auch nach dem Erkenntnisinteresse, nach den Zielen der Wissenschaften und vor allem nach deren Grenzen angesprochen.

Krisis der Wissenschaften

Das zweite Beispiel wechselt die Perspektive. Die Rede von »Fake Science«, Formen der radikalen Wissenschaftskritik bis hin zur offenen Wissenschaftsfeindlichkeit werden von außen an das Feld der Wissenschaften herangetragen. Das kann man als Beleg für die Husserl-These von der »Krisis der Wissenschaften« (vgl. Husserl 2012) verstehen, nach der Wissenschaft der Lebenswelt, von der sie entkoppelt ist, nichts mehr zu sagen hat und sie infolgedessen auch bald nicht mehr erwünscht ist. Doch verlangt die Gesellschaft und mit ihr die

Lebenswelt in Krisenzeiten nicht Aufklärung über das, was vor sich geht? Hierzu muss man die aufklärende Fähigkeit und Funktion der Wissenschaft akzeptieren und die Grundzüge ihrer Logik verstehen. Denn, um ein Beispiel herauszugreifen: Wissenschaft funktioniert im Modus der Diskussion und des Streits um das bessere Argument, um die richtige Interpretation oder um die schlüssigste Erklärung. Ist man über diese wissenschaftsinternen Prozesse nicht im Bilde, so fällt es leicht, verschiedene Positionen im wissenschaftlichen Diskurs als Beispiel dafür zu sehen, dass es die Wissenschaftler*innen auch nicht besser wissen als andere, eben weil sie nicht mit einheitlicher Stimme sprechen. Die Kritik, die hier an die Wissenschaft herangetragen wird, bietet aber nicht zuletzt die Chance für die Wissenschaft, über ihre Ziele und Möglichkeiten zu reflektieren.

Wissenschaftstheorie als Metatheorie

An dieser Stelle kommt die Wissenschaftstheorie ins Spiel, denn sie ist eine Theorie der Wissenschaften selbst, sozusagen eine Metatheorie. Der Soziologe Norbert Elias sprach von einer Wissenschaft der Wissenschaften (vgl. Elias 1985). Natürlich gibt es in ihrer mit der Philosophie verwobenen Geschichte bereits zahlreiche Antworten aus unterschiedlichen Wissenschaftspositionen und Wissenschaftszeiten, die vor dem Hintergrund der Gegenwartsgesellschaft und mit Blick auf kommende Wissenschaftler*innen aufgearbeitet werden können. Gerade mit Blick auf das zweite Beispiel drängen sich aber einige Fragen auf. Wie weit ist Wissenschaft z. B. selbst gewillt und in der Lage, Werturteile abzugeben? Oder anders gewendet: Reicht es aus, Erklärungen und Informationen weiterzugeben und der Politik die Entscheidung zu überlassen?

Das dritte Beispiel verweist auf einen historisch weit zurückliegenden Fall, der zunächst etwas merkwürdig klingt, wenn sich auch der Sachverhalt recht eindeutig darstellt. Warum weigert sich der Mathematiker und Astronom Martinus Horky von Lochowitz, das Teleskop als wissenschaftliches Hilfsmittel und Instrument anzuerkennen? Klar ist, dass die wissenschaftlichen Rahmenbedingungen und die innere Struktur des wissenschaftlichen Felds der Frühen Neuzeit sich deutlich von heute unterscheiden, so ist z. B. die Transformation der Naturphilosophie[3] zu einer empirisch vorgehenden und Gesetze aufstellenden Naturwissenschaft kein unhinterfragtes und allgemein akzeptiertes Ziel. Davon abgesehen dürften Vorurteile, Neid und Voreingenommenheit gegenüber Neuerungen bei Horky eine große Rolle gespielt haben. Dieser ist mit seiner Position keineswegs ein Einzelfall. Was das Beispiel allerdings eindrucksvoll schildert, ist, dass der Forschende – heute wie zu Horkys Zeiten – nicht frei ist von sozialen, politischen oder religiösen Einflüssen; solche Einflüsse können als Ideologie, Vorurteil oder bestimmte Denkart der Forschung im Weg stehen. Auch wenn das Beispiel Horky ähnlich wie das erste Beispiel der manipulierten Forschungsdaten einen pointierten Sachverhalt schildert, lassen sich hier ebenfalls Fragen der Wissenschaftstheorie anschließen. Wie weit prägt Streit zwischen verschiedenen Schulen, Strömungen und Wissenschaftstraditionen das Feld? Wie ist mit der soziologischen Tatsache umzugehen, dass der Forschende immer an einen sozialen Standort gebunden ist, und was folgt daraus für die Möglichkeit wissenschaftlicher Objektivität?

Probleme als Ausgangspunkt

Die Probleme, die sich für die Wissenschaftstheorie aus den drei Fallbeispielen ergeben, werden in den nachfolgenden Kapiteln ausführlich behandelt, sie stellen aber natürlich nicht die einzigen Aspekte dar, mit denen sich eine Wissenschaftstheorie der Sozialwissenschaften auseinandersetzt. Welches Erkenntnisinteresse die Sozialwissenschaften haben, welche Ziele sie verfolgen, ob sie z. B. Werturteile abgeben und als politische Ratgeber fungieren können und wollen, sind ebenso wie das Mit- oder Gegeneinander unterschiedlicher Strömungen und die Vermessung der Möglichkeiten und

Grenzen der Objektivität hochaktuelle Fragen, die sich aus dem Status der Sozialwissenschaften als empirischer Wirklichkeitswissenschaft ergeben. Die Gegenwartsgesellschaft fordert aufgrund zahlreicher Spannungen, Polarisierungen und handfester Probleme im politischen, sozialen ökonomischen und ökologischen Bereich die Sozialwissenschaften heraus, es scheint daher vor diesem Hintergrund angebracht, die Frage nach ihrer Wissenschaftstheorie bzw. nach der »Logik der Sozialwissenschaften« aufzuwerfen. Als Studienbuch werden hier keine neuen Antworten gegeben, wohl aber Anregungen zum Weiterdenken. Der Fundus im Feld der Sozialwissenschaften ist groß.

Eine Wissenschaftstheorie der Sozialwissenschaften ist kein neues Phänomen, bereits Max Weber hat vor 100 Jahren eine »Wissenschaftslehre« vorgelegt, auf die im Verlauf der kommenden Kapitel noch eingegangen werden wird. Der Terminus der »Logik der Sozialwissenschaften« besitzt selber eine eigene Geschichte, er wurde mit einem Referat des Philosophen und Wissenschaftstheoretikers Karl Popper zu Beginn der 1960er Jahre berühmt (vgl. Popper 2017) und hat seither mehrere Adaptionen erfahren (vgl. Topitsch 1972, Habermas 1973, Ritsert 1996).

Wissenschaftstheorie im Studium

Als Metatheorie fragt die Wissenschaftstheorie also nach der Art und Weise, wie Wissenschaft und Forschung funktionieren. Sie geht dabei davon aus, dass wissenschaftstheoretische Annahmen im Forschungsprozess immer enthalten sind. Aber nur selten werden diese Annahmen implizit aufgegriffen und diskutiert. – Damit werden zahlreiche Fragen aufgeworfen: Wie positionieren sich die Sozialwissenschaften zu ihrem Gegenstand? Wie lassen sich theoretische Begriffe in methodische Konzepte übersetzen? Welche Methoden und Techniken sind für die konkrete Forschung angebracht?

Interessanterweise nimmt die Wissenschaftstheorie eine prominente Stellung zu Beginn des Studiums ein, in Einführungskursen der Sozialwissenschaften, vor allem aber in den »Grundlagen der empirischen Sozialforschung« wird das Thema meist pflichtgemäß abgearbeitet, aber nur selten wird es zu einem späteren Zeitpunkt noch einmal Gegenstand im Studium. Dies liegt sicherlich teilweise daran, dass die Inhalte im Rahmen eines Bachelorstudiengangs gestrafft werden müssen, zum anderen betritt man mit den Fragen nach Logik und Methodologie der Sozialwissenschaften zumindest teilweise philosophisches Terrain.

Methoden und Methodologie

Während *Methoden* auf die Praxis der Sozialforschung und damit auf die Erfassung der empirischen Wirklichkeit zielen, ist die *Methodologie*, inhaltlich synonym mit *Wissenschaftstheorie*, streng genommen ein historisch begründeter Bestandteil der Philosophie, der zudem häufig institutionell in spezielle Einrichtungen ausgegliedert ist. Die Beschäftigung der Sozialwissenschaften mit ihrer Wissenschaftstheorie ist auch außerhalb des Curriculums nicht systematisch, sondern erfolgt abhängig von Debatten und gesellschaftlichen Problemlagen. So schildert z. B. der Soziologe Jürgen Ritsert, dass Ende der 1960er und Anfang der 1970er Jahre ein sehr großes Interesse an einer Wissenschaftstheorie unter Studierenden vorherrschte. Dies sei auf die damaligen Protestbewegungen und damit zusammenhängend auf ein Interesse an Wissenschaftskritik zurückzuführen (vgl. Ritsert 1996: 9). Von einem so gelagerten, durch eine politisch motivierte Studentenbewegung angetriebenen Interesse kann derzeit sicherlich nicht die Rede sein, dennoch sehen sich die Sozialwissenschaften in einer besonderen Situation, in der sich die Ereignisse und Geschehnisse in der Welt geradezu überschlagen und Erklärungen einfordern.

Vor diesem Hintergrund können die nachfolgenden Kapitel als Versuch verstanden werden, die Wissenschaftstheorie als reflektives Instrument wieder in die Sozialwissenschaften einzuholen. Die Antwort auf die Frage, warum (heute) eine Wissenschaftstheorie notwendig ist, kann daher wie folgt gegeben werden: Als Reflexion auf die Tätigkeit der Sozialwissenschaften bietet sich die Möglichkeit, Grenzen und Probleme, aber auch Potentiale und Chancen aufzuzeigen. Dies scheint in Zeiten, in denen das Verhältnis von Wissenschaft und Öffentlichkeit zumindest teilweise spannungsgeladen ist, eine durchaus sinnvolle Übung, nicht nur für Studienanfänger*innen. Stellen doch z. B. Selbstkritik bzw. die kritische Prüfung der eigenen Forschung, wie sie von einer Wissenschaftstheorie eingefordert werden, wichtige Instrumente zur Einschätzung von Aussagekraft und Reichweite der Ergebnisse dar. Eine Auseinandersetzung mit Wissenschaftstheorie kann so als Ergebnis ganz praktischen Nutzen bieten, indem sie Fragen nach dem »Was« und dem »Wie« aufwirft und damit die Reflexionsleistung auf die sozialwissenschaftliche Forschung erhöht.

Multiparadigmatik

Ausgangspunkt der nachfolgenden Darstellungen ist der Befund eines *multiparadigmatischen Zustands* in den Sozialwissenschaften. Damit ist gemeint, dass die Sozialwissenschaften nicht nur paradigmenbasiert arbeiten, also auf Grundlage einer bestimmten Art und Weise zu denken, sondern dass eine Multiparadigmatizität sowohl in der historischen Abfolge als auch in einem gegenwärtigen Nebeneinander besteht. Dass diese nebeneinander existierenden Paradigmen, die von einer *scientific community* getragen werden, unversöhnlich sind, ist damit noch nicht gesagt, wohl aber dass es innerhalb des Felds der Sozialwissensschafen keine einheitliche Auffassung von dem gibt, was sie leisten sollen und wie sie dabei vorzugehen haben. Die weitere Darstellung, die vor allem an der historischen Rekonstruktion der Positionen und Debatten mit Blick auf deren wissenschaftstheoretische Aussagen interessiert ist, verfährt daher allein deskriptiv und vergleichend, ohne eine bestimmte Position oder einen bestimmten Ansatz zu favorisieren. Bevor einige dieser Paradigmen rekonstruiert werden, soll ein Einstieg mit einem Blick auf die wissenschaftliche Revolution und die Entstehung von zwei Wissenskulturen gemacht werden.

2. Die zwei Kulturen

Keywords: Natur und Soziales innerhalb einer Kosmologie – die wissenschaftliche Revolution und ihre wissenschaftstheoretische Bedeutung – die Trennung von Natur- und Sozialwissenschaften

> »Die Vorstellung eines – dem göttlichen Willen entspringenden oder auch unabhängig von einem solchen gültigen – ›Weltgesetzes‹ hat eine kaum zu überschätzende Wirkung ausgeübt. Durch das stoisch-christliche Naturrecht wurde sie über Jahrtausende hinweg überliefert.«
> *Topitsch 1972: 59*

Wissenschaftliche Revolution

Eine entscheidende Weichenstellung für die modernen, empirisch orientierten Sozialwissenschaften findet in der Frühen Neuzeit, der Zeit zwischen dem 15. und 18. Jahrhundert statt, in der sich die sogenannte »wissenschaftliche Revolution« ereignet. Auf den ersten Blick allein als Entwicklungs- und Professionalisierungssprung der Naturwissenschaften angesehen, vollziehen sich in dieser Zeit bei genauer Sichtung mehrere miteinander verknüpfte Bewegungen, die auch das Denken des Sozialen beeinflussen und letztlich die Herausbildung von zwei Kulturen – einer naturwissenschaftlichen und einer sozialwissenschaftlichen – forcieren. Die Vorgänge der *Einbindung des Sozialen* in die Natur, der *Abtrennung der Naturwissenschaften* aus einer *gemeinsamen Kosmologie* und schließlich der Akzeptanz der *Eigenständigkeit der sozialen Welt* sind komplex und haben zahlreiche Wurzeln im Denken der Antike. Die Konsequenzen dieser Prozesse können als Weichensteller verstanden werden, die bis heute Einfluss auf die Methodologie der Sozialwissenschaften haben. Wer also etwas über die Logik der Sozialwissenschaften in Erfahrung bringen will, findet Grundlegendes in der Auseinandersetzung mit den Naturwissenschaften. Die historische und philosophische Komplexität dieses Themas kann hier nur ansatzweise aufgearbeitet werden, mit Blick auf das Ziel, die Grundlagen einer Wissenschaftstheorie zu diskutieren, sind aber folgende Fragen von Bedeutung: Was ist die *wissenschaftliche Revolution*? Wie ist in ihr das Verhältnis von *Natur* zu *Sozialem* bestimmt? Welche Bedeutung und welche Konsequenzen hat die Rede von den *zwei Kulturen*?

Drei Revolutionen

Zur ersten Frage. Die *wissenschaftliche Revolution* ist zunächst als eine Zuschreibung in Bezug auf eine Reihe von Ereignissen, die sich im Zeitraum von der Mitte des 16. bis zum 18. Jahrhundert ereignet haben, zu verstehen. Diese Zuschreibung kann für ein ganzes Bündel an Wissenschaften geltend gemacht werden, von denen aber einige wie z. B. die Astronomie herausragen. Es ist im Wortsinne ein »Bündel«, denn verschiedene, heute ausdifferenzierte und fest umrissene Disziplinen wie Astronomie, Mathematik, Physiologie und Staatslehre sind noch in den Mantel der Naturphilosophie eingebunden. Sowohl die Wissenschaftsgeschichte (vgl. z. B. Lindberg/Westmann 1990) als auch die Wissenschaftssoziologie (vgl. Shapin 1998) haben sich mit dem Phänomen der *wissenschaftlichen Revolution* auseinandergesetzt und deren Merkmale herausgearbeitet. Als besondere Kennzeichen können demzufolge u. a. ein wissenschaftlicher Wandel in großem Ausmaß, große Erfindungen oder ein innovatives Potential, das von den Forschungen ausgeht, genannt werden. Die *wissenschaftliche Revolution* zieht einen Wandel des Weltbilds nach sich, aber auch die Ziele, Methoden und Standards innerhalb der Wissenschaft sind nach der Revolution nicht mehr dieselben wie zuvor. Die nachträgliche Zuschreibung einer *wissenschaftlichen Revolution* bedeutet aber nicht, dass die Selbstwahrnehmung dieser Zeit ein völlig anderes Verständnis von diesem Prozess besitzt. Zwar ist richtig, dass die »kopernikanische Revolution«, mit der nicht mehr die Erde, sondern die Sonne als das Zentrum unseres Universums angesehen wird, erst mit Newton und damit fast 200 Jahre nach Kopernikus Anerkennung findet, dennoch existiert ein Bewusstsein für das Neue bereits im 16. Jahrhundert. Das Präfix »neu« ist immer öfter zu lesen und Bücher wie die »Astronomia nova« des Astronomen und Mathematikers Johannes Kepler (vgl. Kepler 2005) markieren einen Bruch mit dem Alten. Der Terminus »Revolution« selbst fand in der Naturphilosophie in ganz anderer Weise als heute Verwendung, was auf eine Deutungsoffenheit verweist (vgl. Arendt 1963). In Bezug auf die wissenschaftliche Revolution ist der Begriff eine Metapher, die einen Umsturz – oder weniger dramatisch: einen beispiellosen Wandel – in der Wissenschaft, in Bezug auf die Forschung, aber auch in Bezug auf deren soziale Organisation markiert (vgl. Schuster 1990: 217). Dieser Wandel lässt sich nicht einfach und nicht durch rein interne (Wissenschaft) oder rein externe (Gesellschaft) Faktoren erklären, dennoch ist es aus soziologischer Perspektive sinnvoll, die wissenschaftliche Revolution nicht völlig von anderen Ereignissen in der Frühen Neuzeit zu trennen. Dies berücksichtigt, gab es also nicht nur eine wissenschaftliche, sondern auch eine politische – man denke z. B. an die Glorious Revolution von 1688 – und eine soziale – man denke an den Aufstieg des Frühbürgertums – Revolution. Diese drei Revolutionen wirken aufeinander ein und vermitteln zumindest für den gebildeten, in den Städten wohnenden Teil der Bevölkerung Europas einen Aufbruch. Die Ergebnisse der *wissenschaftlichen Revolution* waren vielfältig und wirkten bis tief in den Alltag der sozialen Welt hinein.

Weltbildwandel

Der oben bereits kurz erwähnte Weltbildwandel, der das derzeit bekannte Planetensystem neu sortierte und die Sonne in dessen Zentrum setzte, erzwang auch eine gesellschaftliche Neuorientierung, sodass nach der Position des Menschen und der Erde im Kosmos gefragt wurde. Die Konsequenzen der wissenschaftlichen Revolution betrafen damit eine kognitive Dimension, in der neues Wissen ein neues Denken ermöglichte. Gleichzeitig nahmen die rasanten Entwicklungen, die neuen Erfindungen und Entdeckungen die Idee des Fortschritts vorweg, denn die Offenlegung des »Buchs der Natur« – so eine gängige Metapher dieser Zeit – war eine Aufgabe, die nur von mehreren Generationen an Naturforschern geleistet werden konnte. Ein anderer Aspekt, der bis heute nachwirkt, ist die Berechenbarkeit bzw. Mathematisierung der Natur (vgl. Whitehead 1920: 140). War lange Zeit ein Vertrauen auf die Sinne ausreichend, um die Welt zu verstehen, so zeigte die wissenschaftliche Revolution, dass dies nicht mehr möglich war und die Sinne zu täuschen vermögen. Mehr noch: Die Natur wurde unter anderem mit Galileis »reiner Geometrie« zu einem abstrakten und allein mit mathematisch-physikalischen Mitteln zugänglichen Gegenstand.

Was hat aber die wissenschaftliche Revolution der Frühen Neuzeit mit der Begründung einer Wissenschaftstheorie zu tun? – Es gibt mehrere Wege für einen Einstieg ins Thema, häufig wurde ein solcher Weg über die Sprache als Instrument zur Benennung von Gegenständen gesucht (vgl. Seiffert 1971, Konegen/Sondergeld 1985). Ein wissenschaftshistorischer Zugang bietet hingegen den Vorteil, ein wenig Abstand von der formalen Logik zu nehmen und ein Gespür für die historische Entwicklung des wissenschaftlichen Feldes zu vermitteln. Die Aspekte der Logik fallen dabei nicht unter den Tisch, sondern werden im Fortgang der Darstellung aufgegriffen. Inhaltlich kann Gleiches wie mit einem Zugang über die klassische Propädeutik der Philosophie geleistet werden. Das Aufzeigen der sozialen Bedingtheit des Denkens und der Sprache wird hier allerdings an einem konkreten Beispiel illustriert.

Aus der Perspektive der Wissenschaftstheorie ist die *wissenschaftliche Revolution* deshalb bedeutsam, weil sich hier Regeln und Methodologien herausbilden und sich im Feld der Wissenschaft kristallisieren, die noch heute eine Rolle spielen. Dies geschieht allerdings unter besonderen Vorzeichen, denn der Wandel bzw. die wissenschaftliche Revolution ist nur mit zeitlichem Abstand und sozusagen aus der Vogelperspektive zu verstehen. Im konkreten Blick auf die Zeit Mitte des 16. Jahrhunderts ist zwar Neues zu erkennen, aber dies wird nicht immer anerkannt oder zunächst verdrängt. Erinnert sei hier an das einführende Beispiel des Astronomen Horky. Es gibt noch keine allgemein akzeptierte Schulmeinung, wenn auch richtig ist, dass die wissenschaftliche Revolution eine Zeit darstellt »when a new way of studying the natural world became widely accepted by a small community of scholars« (Bakker 2007: 4124). Doch dies ist wohl eher am Ende des Zeitraums der Fall, wenn das Theoriesystem des Mathematikers Isaac Newton an Verbreitung und Gewicht gewinnt. Das naturphilosophische Feld ist zunächst von konkurrierenden Ansichten und von Ungewissheit bzw. von einer Kontingenz der Entwicklung geprägt. Auf die Frage, wie die Naturforschung aussehen kann und soll, erhält man daher auch zeitgemäß ganz unterschiedliche Antworten. Etwas vereinfacht und zugespitzt formuliert kann allerdings mindestens folgendes Spektrum an methodologischen Orientierungen vorgefunden werden: So war es im 16. Jahrhundert nicht abwegig, als Naturphilosoph die Erforschung der Natur auf Grundlage und in enger Auslegung der Bibel zu betreiben. Eine andere Möglichkeit war es, sich an der alten Philosophie der Antike zu orientieren und hier die klassischen Lehren aufzugreifen, mit dem Ziel, diese zu verbessern oder zu erneuern – das ist der Kern des Renaissancedenkens. Beide Möglichkeiten, der Bezug auf die Heilige Schrift oder aber der Rekurs auf die alte Philosophie, können auch miteinander vermischt werden und erfordern nicht unbedingt eine empirische Ausrichtung, sondern allenfalls eine gute Erklärung für die natürlichen Phänomene. Ein weiterer Zugang, der häufig mit den ersten beiden verknüpft war, ist die mathematische Berechnung und Methodik, mit dem Ziel, allgemeine Gesetze aufzustellen. Die Berechenbarkeit der Natur wird durch Fortschritte in der Mathematik vorangetrieben. Eine weitere Möglichkeit der Naturforschung basierte ebenfalls auf Mathematik, stellt aber darüber hinaus die experimentelle Methode von Versuch und Schlussfolgerung ins Zentrum der Forschung. Gerade diese letzte Methode stellte sich im Laufe der Zeit als wegweisend heraus. Es ist nicht nötig, die einzelnen Zugänge im Detail zu besprechen, entscheidend ist aber, zu erkennen, dass der Weg zur modernen Naturwissenschaft nicht geradlinig vorgezeichnet ist und eine Zeit lang gleichberechtigt mehrere methodologische Optionen nebeneinander existieren. Bemerkenswert ist aber, dass Einflüsse der Gesellschaft (Religion), akademischer Traditionen (antike Philosophie) oder sozial geteilter Moden eine große Rolle spielen. Auch nach erfolgreicher Professionalisierung der Naturwissenschaften, deren Bemühen zu einem Großteil darin bestand, die Forschung objektiv zu gestalten, ist es heute nach wir vor sinnvoll, nach solchen Einflüssen zu fragen.

Trennung von Natur und Sozialem

Bisher war von der Naturphilosophie die Rede, die sich zur Naturwissenschaft weiterentwickelte, doch beschreibt dies nur eine Seite der Medaille, denn auch die Sozialphilosophie war zu dieser

Zeit Bestandteil der Natur. Das *Verhältnis von Natur und Sozialem*, ein Thema, dem heute wieder eine hohe Bedeutung und zunehmend die Aufmerksamkeit der Sozialwissenschaften beigemessen wird, wurde bereits im Zeitalter der wissenschaftlichen Revolution diskutiert, und es wurde eine Entscheidung getroffen, die das gesamte Feld der Wissenschaften für lange Zeit prägte: die Trennung von Natur und Sozialem. Wenn aber um die richtige Methodologie für die Naturphilosophie gestritten wird, dann ist damit zunächst auch die Erforschung sozialer Phänomene gemeint. Was dies genau bedeutet, kann mit Blick auf Thomas Hobbes und John Locke kurz dargestellt werden: *Thomas Hobbes* (1588–1679) ist in den Sozialwissenschaften als Klassiker der Staats- und Vertragstheorie bekannt, sein Leviathan (Hobbes 1986) gehört für die Politikwissenschaften, aber auch für die Soziologie zur einschlägigen Literatur, in der Fragen nach der Ordnung moderner Gesellschaften verhandelt werden. Was weniger bekannt ist, ist, dass Hobbes nicht nur Sozialphilosoph war, sondern auch Naturphilosoph. Im Hinblick auf das Feld der Naturphilosophie zu dieser Zeit stellt diese Tatsache allerdings keine Besonderheit dar, denn auch wenn man sich mit Fragen des Staates und der Herrschaft – das Kerngeschäft der Sozialphilosophie derzeit – auseinandersetzen wollte, musste man sich mit der naturphilosophischen Lehre der Mathematik, Physik und Astronomie befassen. Die Naturphilosophie funktionierte im Rahmen einer festen Hierarchie der Wissenschaften, in der Astronomie und Physik weit oben angesiedelt waren und in der die Sozialphilosophie allein nachgeordnet rangierte. Zutreffend ist die Feststellung, dass Hobbes vor allem nach einer naturwissenschaftlichen Methode, sozusagen »more geometrico« – nach Art und Weise der Geometrie – denkt. Zur Überprüfung kann empfohlen werden, sein Hauptwerk nach Metaphern und Erklärungen aus dem Bereich der Mechanik – jenem naturphilosophischen Paradigma der wissenschaftlichen Revolution, welches sich vor allem im Bild des Uhrwerks manifestiert – abzusuchen. Hobbes selbst äußert sich an mehreren Stellen direkt zur Frage der Methodik. Naturphilosophie studieren, so hält er fest, bedeute mit der Geometrie anzufangen (vgl. Hobbes 1915: 83). Seine Vorstellung von Wissenschaft steht unter einer klaren Prämisse, denn das »Endziel aller Wissenschaften ist die Erkenntnis der Ursachen« (ebd.: 90). Zu diesem Zweck ist Hobbes zufolge von unhinterfragbaren Prinzipien auszugehen, die aus den Sinneswahrnehmungen abgeleitet werden können. Hobbes' Methode der Wissenschaft ist teils analytisch und teils synthetisch (vgl. ebd.: 84). Nach der Aufstellung von Prinzipien erfolgt die Zerlegung des zu erforschenden Subjekts in Einzelteile, das ist der analytische Teil, sowie der Vergleich und die Ableitung von Ergebnissen, das ist der synthetische Bestandteil der Forschung. Hobbes ist kein Empiriker, sondern bleibt auch in Bezug auf seine Methodologie ganz Philosoph. Im Gegensatz zu anderen Naturforschern seiner Zeit interessiert er sich nicht für Experimente oder für exakte Beobachtungen. Die weitere Analyse von Hobbes' Grundlegungen der Philosophie ist Bestandteil eines Spezialdiskurses, denn während z. B. der Leviathan nach wie vor aktuell ist, wirkt seine Methodologie zwar in sein Werk hinein, doch vieles von dem, was er von der Naturphilosophie übernimmt, erweist sich im Laufe der Wissenschaftsgeschichte nur als begrenzt anschlussfähig. Dennoch wird im Verlauf der weiteren Darstellung ersichtlich, dass eine vor einem anderen erkenntnistheoretischen Hintergrund bestimmte analytische Methode nach wie vor eine wichtige Rolle spielt. Es genügt für den Fall Hobbes zur Kenntnis zu nehmen, dass dieser bereits methodologische Reflexionen anstrebte, die auf den Annahmen der mechanischen Naturphilosophie und auf der Geometrie fußten. Mit Blick auf das Verhältnis von Natur und Sozialem sind vor allem zwei Aspekte bei Hobbes bemerkenswert, die im

Laufe der Geschichte der Sozialwissenschaften immer wieder ins Feld geführt werden. Erstens: die angeblich rückständige Entwicklung der Sozialwissenschaften im Vergleich zu den Naturwissenschaften. Zweitens: die Konsequenz, dass die Sozialwissenschaften sich daher durch Übernahme von Methoden und Denkweisen der Naturwissenschaften professionalisieren und weiterentwickeln sollen. Hobbes erkennt die unterschiedlichen Entwicklungen (vgl. 1889: XV) und nutzt die umfangreiche Rekonstruktion der Naturphilosophie schließlich dazu, um seine politische Philosophie auf Grundlage der Naturphilosophie zu begründen. Dass der Fortschritt der Sozialwissenschaften aber nicht einfach durch einen Import von Methoden und Konzepten aus den Naturwissenschaften zu sichern ist, wird im Verlauf der weiteren Kapitel ebenso deutlich wie die Tücken, die mit naturwissenschaftlichen Denkweisen und Methoden in den Sozialwissenschaften verbunden sind.

Naturphilosophie

Auch *John Locke* (1632–1704) argumentiert vor dem Hintergrund einer Naturphilosophie, die sowohl natürliche als auch soziale Phänomene umfasst. Er ist heute, ähnlich wie Hobbes, vor allem als politischer Denker bekannt. Als Vertreter eines bürgerlichen Liberalismus und Verfasser einer Staatstheorie (Locke 1823) gewann er große politische Bedeutung und hatte intellektuellen Einfluss auf Thomas Jefferson, einen Gründervater der amerikanischen Verfassung. Locke war befreundet mit dem Physiker und Mathematiker Isaac Newton und pflegte Kontakt zu anderen wichtigen Naturphilosophen seiner Zeit. Im Jahr 1690 legte er sein philosophisches Hauptwerk, den »Versuch über den menschlichen Verstand« (Locke 2016) vor. Dieses Werk kann als Erkenntnistheorie gelesen werden, in der das derzeitige Wissen über die Naturphänomene aufgegriffen wird, dessen Betrachtung aber gleichzeitig eine Wendung hin zur Perspektive des Subjekts erfährt. Wie nimmt der Mensch Phänomene wahr und wie werden sie vom Verstand verarbeitet? Eine so gelagerte Theorie des menschlichen Verstands war gleichzeitig für die natürlichen wie für die sozialen Phänomene von großer Bedeutung, denn damit konnten einige Trugschlüsse und Fehleinschätzungen korrigiert werden. Lockes Werk schlägt Brücken zu modernem und aktuellem Denken, sein Ansatz kommt der heute weit verbreiteten Idee des Konstruktivismus nahe, nach der manche als »natürlich« angenommenen Tatsachen tatsächlich Ergebnis sozialer Prozesse und Aushandlungen sind. So betont Locke, dass es keine angeborenen theoretischen oder praktischen Grundsätze gibt, er diskutiert die Grenzen des menschlichen Verstandes und die Grenzen des Wissens vor dem Hintergrund einer Theorie der Wahrnehmung und der sinnhaften Erfahrung (vgl. Locke 2016). Mit Lockes Position erfolgte eine Stärkung des Empirismus sowie der wissenschaftlichen Verfahren der Beobachtung und der Deduktion, also die Ableitung einer Schlussfolgerung. Annahmen wie das im Anfangszitat erwähnte göttliche Weltgesetz werden damit zurückgedrängt. Das Verhältnis von Natur und Sozialem bei Locke ist also ähnlich wie bei Hobbes noch ein Gemeinsames und Gleichrangiges, für das auch ein gemeinsamer methodischer Zugang von der Naturphilosophie zur Verfügung gestellt wird. Locke weitet den aus der Mathematik bekannten Begriff des Gesetzes aus und geht davon aus, dass es Gesetze und Beweise auch in der Wissenschaft von der Moral gibt. Was er unter Moral versteht, ist weit gefasst und schließt auch soziale Phänomene mit ein. Dies zeigt sich an dem Beispiel, dass er als Erklärung für moralische Gesetze gibt: »Ebenso bezeichnet in dem Satze ›Kein Staat genießt unbedingte Freiheit‹, das Wort *Staat* die Einrichtung einer Gesellschaft nach gewissen Regeln und Gesetzen, denen man sich fügen muss, und die Vorstellung einer unbedingten Freiheit bedeutet, dass man thun kann, was beliebt.« (Locke 2016: 523) Es wäre hier möglich, über den Begriff des Gesetzes zu sprechen, doch genügt es, festzuhalten, dass es in den Natur- und Sozialwissenschaften mittlerweile unterschiedliche Vorstellungen davon gibt, was ein Gesetz ist. Die weitere Darstellung wird dies verdeutlichen.

Die bewusst fragmentarisch gehaltene Auseinandersetzung mit der wissenschaftlichen Revolution der Frühen Neuzeit kann Folgendes leisten: Zum einen zeigt sie, dass in einer frühen Entwicklungsphase Naturwissenschaften und Sozialwissenschaften gemeinsame Methoden und einen gemeinsamen Denkrahmen besaßen. Zum anderen deutet der Blick auf die wissenschaftliche Revolution bereits an, dass die Einbindung der Sozialphilosophie in die Naturphilosophie nicht ohne Folgen für die Entwicklung der Sozialwissenschaften blieb. Versuche der Mathematisierung, der Berechenbarkeit und der Messung des Sozialen haben hier ihren Ursprung. Während die Entwicklung der Naturwissenschaften recht schnell eigene Wege geht, vollzieht sich die Entwicklung der Sozialwissenschaften lange Zeit in Abhängigkeit von der Naturphilosophie. Es benötigt erst einen Bruch mit dem naturphilosophischen Erbe oder aber einen Rekurs auf eine andere Philosophie- und Wissenschaftstradition, um ein eigenständiges Feld der Sozialwissenschaften zu gründen. Was bedeutet dies aber nun für die Rede von den *zwei Kulturen*?

Zwei Kulturen

Die Betonung von *zwei Kulturen* geht auf eine Vorlesung mit dem gleichnamigen Titel zurück, die der Literat und Physiker C. P. Snow Ende der 1950er Jahre (Snow 1959) hielt und in der er eine zunehmende Trennung in der Geisteskultur erkannte. Er sah Intellektuelle auf der einen und Wissenschaftler, vor allem Physiker, auf der anderen Seite. Diese Spaltung beruhe – so Snow – zumindest teilweise auf Missverständnissen und Vorurteilen (vgl. 1959: 2). Snow sprach, relativ undifferenziert, von Intellektuellen bzw. Schriftstellern und Naturwissenschaftlern und bezog sich damit nicht auf die Sozialwissenschaften und ihr Verhältnis zu den Naturwissenschaften. Das Verhältnis der

Literatur zur Sozialwissenschaft wird später, im siebten Kapitel, aufgegriffen. Auch wenn seine These stark kritisiert wurde (vgl. Massey 2018), kann sie als Metapher für das Verhältnis von Natur- und Sozialwissenschaften dienen. Wirkt nicht auch heute noch das Vorurteil, welches schon bei Hobbes durchschien, nach, dass die Sozialwissenschaften weniger weit entwickelt und weniger professionell sind als die Naturwissenschaften? Existiert nicht auch heute noch in der Öffentlichkeit eine ganz unterschiedliche Auffassung der beiden Wissenschaftsrichtungen? Und ist nicht bereits zu Beginn des Studiums eines sozialwissenschaftlichen Fachs festzustellen, dass die naturwissenschaftlichen Fächer ganz anders »funktionieren«, andere Regeln haben, anders denken und anderes Wissen produzieren?

Aus Perspektive der Wissenschaftstheorie ist es ratsam, die These der beiden Kulturen nicht allzu sehr zu strapazieren, wenn auch, wie die Darstellung im kommenden Kapitel zeigen wird, vor allem aus Gründen der Disziplinenbildung, ein Bruch stattgefunden hat. Die modifizierte These von den zwei Kulturen – hier Sozialwissenschaften, dort Naturwissenschaften – ist also richtig und falsch zugleich. Sie führt ein wenig in die Irre. Zutreffend ist, dass es tatsächlich zwei unterschiedliche Wissenschaftskulturen gibt, die sich z. B. in ihrer Wissenschaftssprache und in ihrem Ort, in dem die Forschung durchgeführt wird (Labor – Feld) unterscheiden. Wie das obige Beispiel der wissenschaftlichen Revolution gezeigt hat, gibt es aber auch Gemeinsamkeiten zwischen den beiden Kulturen, die allerdings einem historischen Wandel unterliegen und von einem Aushandlungsprozess in beiden Disziplinen geprägt sind. Unverkennbar ist, dass es einen festen mathematischen Bestandteil in den Sozialwissenschaften gibt, zu denken ist hier an die Methoden der Sozialforschung oder aber auch an die Statistik. Darüber hinaus machen z. B. die zunehmende Bedeutung von Computersimulationen sowie die Analyse von Netzwerken und anderen formalen Strukturen in den Sozialwissenschaften deutlich, dass naturwissenschaftliche Elemente hier fest verankert sind. Spätestens mit diesem Befund wird deutlich, dass die These von den zwei Kulturen auf den zweiten Blick allenfalls als Zeitdiagnose für einen bestimmten historischen Abschnitt geltend gemacht werden kann. Und zwar dann, wenn man damit eine Trennung und ein gegenseitiges Missverstehen verbindet.

Viele Fragen sind bisher aufgeworfen worden. Mit dem nachfolgenden Kapitel, welches sich verschiedenen Entwicklungswegen der Sozialwissenschaften widmet, werden einige Fragen Antworten erhalten. Zwei Kulturen, im Sinne von zwei unterschiedlichen Erkenntnisinteressen spielen dabei eine große Rolle, denn wenn es darum geht, eine neue Disziplin bzw. einen neuen wissenschaftlichen Gegenstand zu benennen, ist sowohl die Übernahme von Theorien, Modellen und Konzepten aus etablierten Wissenschaften als auch die Abgrenzung von diesen relevant.

3. Historische Ursprünge der Sozialwissenschaften: Positivismus, Marxismus, Historismus

Keywords: Auguste Comte und Herbert Spencer – der Neopositivismus des Wiener Kreises – Karl Marx – Karl Mannheim und Wilhelm Dilthey – nomothetische und idiographische Methoden

Die Sozialwissenschaften entstanden unter unterschiedlichen historischen und sozialen Bedingungen. In diesem Kapitel soll gezeigt werden, wie Positivismus, Historismus und Marxismus unterschiedliche wissenschaftstheoretische Programme formulierten, an die einzelne Disziplinen anknüpften. Es bietet sich an, zunächst an die obigen Ausführungen zur wissenschaftlichen Revolution anzuschließen, denn die Idee des Positivismus ist historisch eng mit dem Forschungsprogramm der Naturwissenschaften verknüpft.

Durkheim, Comte und Spencer

Émile Durkheim (1868–1917), Klassiker und Wegbereiter der französischen Soziologie, wandte sich in seinem Buch »Die Regeln der soziologischen Methode« aus dem Jahr 1895 (Durkheim 1984) gegen eine Vereinnahmung durch den *Positivismus*. Er schrieb mit Bezug auf das Erkenntnisinteresse seiner Soziologie: »Unser vornehmstes Ziel ist es ja, das menschliche Verhalten dem wissenschaftlichen Realismus zu unterstellen, indem wir zeigen, dass es sich, in der Perspektive von Ursache und Wirkung zurückführen lässt, welche durch eine minder rationalistische Gedankenoperation in Normen für die Zukunft umgeformt werden können. Unser sogenannter Positivismus ist nur Konsequenz dieses Realismus. Woraus erhellt, dass er nicht mit der positivistischen Metaphysik Comtes und Spencers verwechselt werden darf.« (Ebd.: 87) Durkheim plädiert für einen »wissenschaftlichen Realismus«, was man so verstehen kann, dass sich die Soziologie auf real existierende soziale Phänomene und nicht auf philosophisch-spekulative Systeme konzentrieren soll, wie er sie bei Auguste Comte und Herbert Spencer erkennt. Durkheims Soziologie wendet sich somit von der Philosophie ab und der empirischen Wirklichkeit sozialer Tatsachen zu. Im Interesse der Soziologie soll die Analyse des Prinzips der Kausalität sozialer Phänomene stehen (vgl. ebd.: 218). Er schließt die Möglichkeit nicht aus, dass aus den gewonnenen Erkenntnissen über das soziale Verhalten Regeln für die Zukunft abgeleitet werden können.

Dass der frühe Durkheim mit dem Vorwurf des Positivismus konfrontiert wurde, wird nur dann begreiflich, wenn man sieht, dass er die Naturwissenschaften einerseits als Vorbild anerkennt, sich aber andererseits deutlich von ihnen abgrenzt, um so zu einer Wissenschaft sozialer Tatsachen zu gelangen. Um zu verstehen, worum es sich beim Positivismus handelt, muss historisch noch ein Stück weiter zurückgegangen werden. Durkheim nennt Comte und Spencer als Vertreter des Positivismus. *Auguste Comte* (1798–1857) war der Namensgeber der Soziologie. Bei ihm liest man das Wort zum ersten Mal, er schließt mit seinen Ausführungen direkt an die Naturphilosophie der wissenschaftlichen Revolution an. *Herbert Spencer* (1820–1903) wurde vor allem für die Adaption der Evolutionstheorie an die Soziologie bekannt. Beide sind aus heutiger Sicht eher Philosophen denn Soziologen, die ein großes philosophisches System zum Ziel hatten, welches mit der wirkmächtigen Idee des Fortschritts und somit mit einer Teleologie – der Vorstellung von einem vorbestimmten Prozess der gesellschaftlichen Entwicklung – verbunden war.

Experiment

Zunächst zu Comte. Er ging, wie andere Vertreter der Naturphilosophie, von einer festen Rangordnung der Wissenschaften aus, doch sah er mit Blick auf seine Zeit diese Ordnung als unvollständig an. Frankreich war auf der Suche nach einem neuen politischen System, neben Revolution und Gegenrevolution prägten Armut und eine hohe Ungleichheit die Gesellschaft. Zudem forderte die Industrialisierung einen Umbau in vielen Bereichen. Comte suchte deshalb nach einer Wissenschaft, durch welche die Entwicklung der Gesellschaft geleitet werden konnte. Diese Funktion sollte die Soziologie einnehmen. Sie wurde damit Bestandteil und Ideengeber eines Plans zur Reorganisation der Gesellschaft (vgl. Wagner 2001: 23). In den Worten von Comte soll sie für »Vorsehung« sorgen, was sich am ehesten mit Planung verstehen lässt. Er schreibt: »Die Annahme der Leitung [der gesellschaftlichen Entwicklung, P. F.] durch die Vorsehung, die stetig in den Gang der Ereignisse eingreift, kann nur zur Idee der Vollkommenheit ihres allmählichen Vollzugs führen.« (1933: 87) Comte geht also davon aus, dass die gesellschaftliche Entwicklung steuerbar ist bzw. dass für moderne Gesellschaften eine bestimmte Entwicklung vorgesehen ist, deren Vollendung mithilfe der Soziologie verwirklicht werden kann. Planung, Vorsehung und Steuerung, diese Begriffe lassen sich auch so verstehen, dass Comte die Methode des *Experimentierens* bzw. des Versuchs auf die Gesellschaft übertrug. Comte argumentiert im Spannungsverhältnis der Konzepte von Statik und Dynamik, beides Begriffe, die er aus der Physik bzw. der klassischen Mechanik übernimmt. Während die soziale Statik die Ausnahme ist und für Harmonie steht, stellt die soziale Dynamik bzw. der Wandel den Regelfall dar. Mit Blick auf die Geschichte der europäischen Gesellschaften erkennt Comte eine solche dynamische Entwicklung seit dem Mittelalter, die einen Höhepunkt in der französischen Revolution von 1789 und in der Entwicklung der Naturwissenschaften gefunden habe. Die weitere Entwicklung der Gesellschaft stellt Comte in Form eines Gesetzes dar, sodass auf einen theologischen Zustand ein metaphysischer Zustand folge, der quasi als Übergang zu einem letzten positiven Zustand diene. In diesem letzten Zustand existiere allein eine Herrschaft der Vernunft, der Spezialisten und der besten Geister (vgl. ebd.: 481).

Beobachtung

Die Herkunft von Comtes Soziologie aus dem Geist der Naturphilosophie erkennt man darin, dass sie von ihm zunächst als soziale Physik, später stellenweise auch als »positive Philosophie« bezeichnet wurde (vgl. Comte 1933). Comte bietet kein ausgearbeitetes methodologisches Programm, es finden sich allerdings verstreute Hinweise, die im Einklang mit den fortgeschrittenen Naturwissenschaften eine Rationalisierung der Beobachtungen, Stufen der Abstraktion und schließlich Gesetze im Range von Naturgesetzen fordern. Interessant ist der Aspekt der *Beobachtung*, der ja auch heute noch für die Sozialwissenschaften eine wesentliche Rolle spielt. Bei Comte wird das Soziale zu einem beobachtbaren Gegenstand, angeleitet durch Theorie. Von daher weiß Comte um die Eigenständigkeit der sozialen Welt, weshalb er die Mathematik auch nicht als Leitwissenschaft ansieht, die alle anderen Wissenschaften beeinflussen soll. Mathematik kann allein als Quelle der Positivität dienen, aber sie reiche nicht aus und könne den Anspruch, der an die Soziologie gestellt wird, nicht erfüllen. Der mathematische Geist, so Comte, habe aber Anspruch auf die Methode (vgl. ebd.: 451). Mit Blick auf die heutige Praxis sozialwissenschaftlicher Methoden ist dieser Anspruch nicht abwegig, Ähnliches gilt für Comtes historische Analysen, in denen er die Entwicklung der westlichen Zivilisation nachzeichnet. Er hält diesbezüglich an der Idee der Positivität fest: »Diese Vervollständigung der positiven Logik liegt in der historischen Methode, die die Untersuchung organisiert und zwar nicht durch bloße Vergleichung, sondern durch stufenweise Ableitung.« (Ebd.: 487)

Vergleich

Nach Experiment und Beobachtung findet man bei Comte die Methode des *Vergleichs*, bei der die Soziologie allerdings nicht stehen bleiben soll. Auch wenn die Ableitung hier wiederum auf Entwicklungsgesetze verweist, darf nicht übersehen werden, dass Comte ebendiese Gesetze schon vorab in seiner Philosophie prognostizierte. Mit Blick auf die Frage nach dem Positivismus finden sich bei Comte vor allem zwei Antriebe: Zum einen will er eine Abwendung vom Alten, von den vielfachen Krisen in der Gesellschaft und im Gegensatz dazu eine positive Ausrichtung auf die Zukunft. Sein Ziel ist die Verbesserung, ja die Vervollständigung der Gesellschaft. Zum anderen beansprucht Comte die Einbindung der Soziologie in die positiven Naturwissenschaften. Positiv sind dabei vor allem diejenigen Wissenschaften, die einen Modernisierungsprozess durchlaufen haben und »objektive« Forschung leisten. Comtes Soziologie soll hier eine Ergänzung, wenn nicht gar eine Vollendung der Naturphilosophie darstellen, die ebenfalls nach strengen Methoden und Regeln vorgeht, gleichzeitig aber auch positives Wissen zur Formung der Gesellschaft hervorbringen soll.

Herbert Spencer entwarf ebenfalls ein philosophisches System, welches aber anders als bei Comte nicht an die Physik oder die Astronomie, wohl aber an die Biologie angelehnt war. Spätestens mit *Charles Darwins* (1809–1882) Theorie der natürlichen Selektion galt die Evolutionstheorie als neues Leitbild der Naturforschung und war auch für das Denken des Sozialen attraktiv. Spencer erkannte vor diesem Hintergrund in der Gesellschaft einen sozialen Organismus, der einer »super-organic-evolution« (Spencer 1882: 451) unterliege. So sei z. B. soziales Wachstum analog zum Wachstum in der Tierwelt durch

»compounding and recompounding« (ebd.: 454), also durch Vermischung oder Kumulation gekennzeichnet. Das Ergebnis dieses Prozesses kann als soziale Differenzierung verstanden werden. Spencer erkennt einen evolutionären Prozess westlicher Gesellschaften vom Jäger und Sammler zur Industriegesellschaft des 19. Jahrhunderts. Kennzeichnend ist sein Bemühen, die soziale Welt in einen größeren kosmischen Zusammenhang zu stellen und ihr hier die gleichen, allgemeinen und universellen Gesetze wie der Natur aufzulegen. Eine so verstandene funktionale Analyse des Gesellschaftskörpers mit dem Ziel von universalen Gesetzen basiert in Spencers Werken auf empirisch erhobenen Daten. Genau wie bei Comte kommt hier das Prinzip des Vergleichs zum Tragen, Spencer führt zahlreiche Beispiele aus unterschiedlichen Gesellschaftstypen, aber auch aus dem Tierreich zusammen (vgl. Spencer 1882). Sein Vergleich ist deutlich systematischer als der Comtes und basiert auf einer umfangreichen Datensammlung, die durch ein Kategoriensystem geordnet ist. Spencers Ziel ist es, auf Grundlage dieser Daten theoretische Prinzipien zu induzieren, also abzuleiten.

Positivismus, Naturalismus

Was aber ist nun der Positivismus bei Spencer? Talcott Parsons schrieb im Jahr 1937: »Spencer's god was Evolution, sometimes called Progress. Spencer was one of the most vociferous in his devotions to this god [...]. With many other social thinkers he believed that man stood near the culminating point of a long linear process« (Parsons 1937: 4). Dieser Kulminationspunkt, einem zeitgenössisch nicht ungewöhnlichen Optimismus in Bezug auf die gesellschaftliche Entwicklung geschuldet, betraf sowohl die Ökonomie, die nach einem festen, offengelegt geglaubten Mechanismus funktionieren sollte, aber auch die Religion, die durch Wissenschaft ersetzt werden sollte. Es war ein Glaube an den Sieg der menschlichen Vernunft, Spencers Positivismus ist ein Vertrauen auf die Steuerungsfähigkeit der Ergebnisse rationaler Wissenschaft. In Bezug auf Comte und Spencer hält der amerikanische Soziologe Turner fest: »Positivism in their eyes, is simply the equivalent of producing general theory, through derivations from other theoretical principles and through inductions from empirical generalization, or both. This was positivism, plain and simple.« (Turner 2001: 38) Diese Aussage ist sicherlich für den frühen Positivismus um Comte und Spencer zutreffend, zugleich sind die Idee und die Attraktivität des Positivismus damit nicht erschöpft und erfahren einige Erneuerungen und Variationen. So trifft man z. B. in der frühen amerikanischen USA auf einen Positivismus à la Comte, vor allem aber auf Spencerianer, die versuchen, eine Soziologie auf Grundlage des Sozialdarwinismus aufzubauen (vgl. Dahrendorf 1968: 109; Breslau 2007). Die Wirkung der Werke der frühen amerikanischen Positivisten auf die nachfolgenden Generationen ist eher begrenzt – allerdings existent. Wie im Laufe der weiteren Darstellung gezeigt wird, lebt der Positivismus in verschiedenen Formen weiter, nicht nur in Amerika.

Eine verwandte, wenn auch theoretisch eher unbestimmte Form des Positivismus trägt den Namen *Naturalismus*. Hier gilt die natürliche Welt als die einzig wahre. Auch der Mensch ist Bestandteil dieser Natur. Das Ziel, wahre Aussagen über die Natur zu treffen, soll durch das Auffinden von kausalen Zusammenhängen zwischen Objekten erfolgen, sodass den empirisch erhobenen Daten, genau wie der streng wissenschaftlichen Methodik, eine tragende Rolle – oder mit anderen Worten: Macht – zugesprochen wird. Was wahr und was falsch ist, lässt sich in diesem Sinne ausschließlich durch die Wissenschaft bestätigen. Damit verbunden ist die Idee, dass die vollständige Erschließung der Welt durch die Wissenschaften möglich ist.

Neopositivismus/logischer Positivismus

Eine Erneuerung des Positivismus fand in Wien der 1920er[4] Jahre statt. Unter dem Namen *»Wiener Kreis«* formierte sich ebenda eine Gruppe von größtenteils mathematisch und naturwissenschaftlich ausgebildeten Wissenschaftlern, um sich zu Fragen der Wissenschaftstheorie auszutauschen. Weil ein Teil der Akteure aufgrund der Machtergreifung der Nationalsozialisten zur Auswanderung gezwungen war, aber nicht nur deshalb, entwickelten sich die Ideen des Kreises international. Der Anspruch ihrer »wissenschaftlichen Weltauffassung« – so der Titel einer programmatischen Schrift aus dem Jahr 1929 – ähnelte den enzyklopädischen Ideen der Naturphilosophie, sie forderten eine »Einheitswissenschaft«, was als einheitlicher Aufbau der Wissenschaften nach naturwissenschaftlichen Methoden (vgl. Seiffert 1995: 54) verstanden werden kann. Wie auch bei Comte und Spencer dienten die Naturwissenschaften nicht nur als Vorbild, sondern auch als Leitbild. Die Kernmitglieder des Kreises einte, dass nahezu alle ein Studium der Mathematik oder Physik absolviert hatten und sich für eine strengere Logik der Forschung interessierten. Dieses Interesse sahen sie aber von der bisherigen Philosophie kaum abgedeckt, sodass sie gewissermaßen eine »neue Philosophie« empirisch-rationaler Prägung forderten.

Vor diesem Hintergrund finden sich umfangreiche wissenschaftstheoretische Neuerungen in den Schriften des »Wiener Kreises«, der häufig auch als »Neopositivismus« (Kraft 1950) oder »logischer Positivismus« bezeichnet wurde. Gegenüber dem Positivismus des 19. Jahrhunderts entstand das Bedürfnis, die Erkenntnistheorie zu schärfen und sie auf eine höhere, der wissenschaftlichen Entwicklung angepasste, Stufe zu heben. Dies sollte durch die Einbeziehung von Mathematik, Logik und Empirismus in die positivistische Tradition erreicht werden.

Induktion

Kennzeichen der »wissenschaftlichen Weltauffassung« des »Wiener Kreises« waren, so hielt der Ökonom und Philosoph Otto Neurath fest, »die Verknüpfung von empirischen Einzelfakten, die systematische, experimentelle Überprüfung [...], die einheitliche Durchlogisierung aller Gedankengänge, um eine Einheitswissenschaft zu schaffen« (1931: 118). Grundlegend dafür ist das Prinzip der *Induktion,* bei der von einzelnen Fällen auf Gesetze geschlossen werden soll. Die Überprüfung kann entweder die Bestätigung *(Verifikation)* oder die Widerlegung *(Falsifikation)* von Aussagen über Fakten hervorbringen. Der Neopositivismus wandte sich in seiner empiristischen Ausrichtung allein auf das Erlebbare, also das sinnlich Erfahrbare. Ein so verstandener materialistischer Empirismus soll sich an allgemeinen Sätzen orientieren und demzufolge durch eine strenge Wissenschaftssprache geleitet sein. Vorbild war die abstrakte und in Formeln übersetzte Sprache der Naturwissenschaften. Ähnliches galt für den Bereich der Methoden. Maßgeblich waren, wie bereits bei Comte, die Methoden der Mathematik und Physik, vor allem die Anleitung zum »sorgfältigen logischen Schließen« (Hahn 1931: 96), den Schlussfolgerungen aus den erhobenen Daten auf Grundlagen der Logik. Diese Methoden sollen sowohl für die Natur- als auch für die Sozialwissenschaften gelten. Soziologie, so Neurath, dürfe keine Geschichtsphilosophie sein (vgl. Neurath 1931: 121), sondern müsse, um Voraussagen treffen zu können, auf sauberen und exakten Begriffen beruhen. In diesem Sinne seien Klassifikationen, aber auch unklare Begriffe wie z. B. »Wechselwirkung« abzulehnen (vgl. ebd.: 122). Die Ideen der Einheitswissenschaft umfassen auch eine positivistische Soziologie, zu deren Kanon nach Vorstellung der Neopositivisten neben Nationalökonomen auch Comte, Spencer und Marx gezählt werden sollen (vgl. Wiener Kreis 1929: 9). Unter Federführung von Neurath und dem Philosophen und Mathematiker Philipp Frank wurden zwischen 1934 und 1941 mehrere internationale »Kongresse zur Einheit der Wissenschaften« abgehalten. Mit Blick auf deren Inhalte wird die Idee einer

»Einheitswissenschaft« verständlicher. So ist z. B. dem Bericht über den Kongress in Kopenhagen im Jahr 1936 (vgl. Werkmeister 1936) zu entnehmen, wie Physik, Biologie, Genetik, Logik, Mathematik und Soziologie aus ihrer jeweiligen Perspektive das Problem der Kausalität behandelten und versuchten, die Beziehungen der Kausalität in Gesetzen darzustellen.

Mit den bisherigen Ausführungen kann aufgezeigt werden, dass sich der Neopositivismus nicht nur gegen Metaphysik und Theologie richtete, sondern sich gleichzeitig als Wende weg von der klassischen Philosophie hin zu einer empirischen Philosophie mit Fokus auf das Gegebene und Messbare vollzog. Sein Ziel ist die Beseitigung des ideologischen Überbaus und von allem empirisch nicht Überprüfbaren aus dem Gegenstandsbereich der Wissenschaften. Der Mathematiker und Wissenschaftstheoretiker Hans Hahn spitzt die Position des Wiener Kreises zu, wenn er festhält, dass es nur zwei Mittel der Erkenntnis gebe: Erfahrung und logisches Denken (vgl. Hahn a. a. O.: 103). Der Stellenwert der Theorie wird nachrangig, indem sie der Empirie untergeordnet wird. Trotz dieser eindeutigen Positionierung gibt es Gemeinsamkeiten des Neopositivismus mit dem alten Positivismus:

- die Vorbildfunktion der Naturwissenschaften,
- die Suche nach universellen Gesetzmäßigkeiten,
- das Primat und die Begrenzung auf eine naturwissenschaftliche Methodologie,
- die Betonung des Allgemeinen gegenüber dem Besonderen.

Dieser »Philosophische Primitivismus« – so eine Zuschreibung des Wiener Wissenschaftstheoretikers Feyerabend – sickerte nach dem Zerfall des Wiener Kreises Ende der 1930er Jahre in verschiedene

Strömungen der Philosophie und Sozialwissenschaften ein. Ein mehr oder minder direkter Anschluss wird im weiteren Verlauf der Darstellung in der Auseinandersetzung mit dem Wissenschaftstheoretiker Karl Popper und dem sogenannten Positivismusstreit möglich.

Marxismus

Bemerkenswert ist, dass *Karl Marx'* (1818–1883) Theorien für den Neopositivismus attraktiv waren und als Baustein für eine positivistische Soziologie angesehen wurden (vgl. Wiener Kreis 1929: 9), denn auf den ersten Blick sind Marxismus und Positivismus zwei ganz unterschiedliche Wissenschaftstraditionen. Dennoch erkannte der oben bereits erwähnte Neurath bei Marx eine empirische Sozialwissenschaft, die ohne Metaphysik auskommt. Sicherlich macht auch die Nähe zu den Naturwissenschaften das Denken von Marx für die Neopositivisten attraktiv. Ähnlich ist es mit dem Bemühen, allgemeine Gesetze in der Ökonomie ausfindig zu machen. Auch wenn die marxistische Sozialwissenschaft sich nicht mit der Nähe zum Positivismus einverstanden erklären muss, ist die Verwandtschaft einiger Annahmen aus wissenschaftstheoretischer Perspektive schlüssig. Blickt man z. B. in Marx' »Kritik der politischen Ökonomie«, deren erster Band 1869 veröffentlicht wurde, so finden sich dort zahlreiche Formeln und Gesetze. Marx ist daran gelegen, ökonomische Beziehungen in Formeln zu gießen, sei es z. B. bei der Bestimmung des Werts der Ware oder in der berühmt gewordenen Kapitalformel des Mehrwerts: G – W – G (Geld – Ware – vermehrtes Geld). Auch für die kapitalistische Akkumulation sucht Marx nach einem Gesetz, wehrt sich aber gegen eine Mystifizierung zum Naturgesetz (vgl. Marx 1977, I: 649). Damit sind bereits Unterschiede aufgezeigt. Gesetze unabhängig von Zeit und Raum, jene allgemeinen invariablen Gesetze, für die sich der Neopositivismus interessiert, sind für Marx problematisch, er sucht nach historisch und gesellschaftlich bedingten Mustern, formuliert diese aber nach den Regeln einer Naturwissenschaft des 19. Jahrhunderts. Auch das Moment der Vorhersage ist bei Marx gegeben, seine Prognose einer revolutionären Umwandlung der Gesellschaft kann aber auch als Geschichtsphilosophie gelesen werden. Diese Beispiele müssen nicht weiter ausgebaut werden. Der Stellenwert von Gesetzen in Marx' ökonomischer Theorie wie auch sein Bezug zum Positivismus sind umfangreich aufgearbeitet worden (vgl. z. B. York/Clark 2006). Es genügt für die Perspektive der Wissenschaftstheorie zu erkennen, dass einige Grundannahmen von Neopositivismus und Marxismus geteilt werden, wenn auch ihre Denkstile verschieden sind.

Für die Sozialwissenschaften haben sich im Laufe der Zeit andere Merkmale des Marxschen Denkens als Gesetze, strenge Empirie und naturwissenschaftliche Exaktheit als attraktiv herausgestellt. Trotz einseitiger Rezeptionen als ökonomischer Theorie und trotz des umfangreichen und teilweise schwer zu überschauenden Werks, welches er zusammen mit *Friedrich Engels* (1820–1895) erarbeitet hat, bietet Marx eine Gesellschaftstheorie der bürgerlichen Gesellschaft. Nachfolgend sollen vor allem die wissenschaftstheoretischen Annahmen des Marxismus offengelegt werden, dabei werden die Divergenzen zwischen Marxismus und Neopositivismus noch einmal deutlich sichtbar.

Bisher war von Karl Marx die Rede, aber Marx ist kein Marxist. Als Marxismus kann die Interpretation des Werkes von Karl Marx verstanden werden. Nicht immer war das Interesse an Marx rein wissenschaftlich, sondern auch teilweise oder vollständig politisch motiviert. Als Doktrin eines politischen Regimes trug der Marxismus gar religiöse Züge, indem ein Heilsversprechen für die Zukunft abgegeben wurde. Aber auch die Marxsche Theorie selbst besitzt einen unverkennbaren praktisch-politischen Aspekt, der als Konsequenz seiner Gesellschaftsdiagnose zum Vorschein kommt. So ist nicht verwunderlich, dass die Marxsche Kritik an der bürgerlichen Gesellschaft bald fest mit der Bewegung der Arbeiterklasse und der Sozialdemokratie verknüpft wurde. Die politischen Interpretationen von Marx' Schriften werden nachfolgend hintangestellt, es geht um die wissenschaftstheoretischen Implikationen.

Bereits früh, im letzten Drittel des 19. Jahrhunderts, entstanden aber auch ganz unterschiedliche wissenschaftliche Interpretationen von Marx' Werk. Teils waren diese geschichtsphilosophisch motiviert und vom Ziel geleitet, die positiven Aspekte der künftigen Entwicklung herauszustellen, teils waren die Interpretationen Grundlage für eine Ideologie im politischen Kampf gegen Preußentum und König. Das Werk wurde aber auch von wissenschaftlichen und politischen Intellektuellen interpretiert, die eher an der Dialektik als Methode und Beschreibung interessiert waren und diese als wesentliches Moment in Marx' Werk herausstellten. Spätestens mit der »Frankfurter Schule«, auf die weiter unten noch eingegangen wird, erfährt Marx auch im 20. Jahrhundert ein hohes gesellschaftstheoretisches Interesse. Ab Mitte des 20. Jahrhunderts kann der Marxismus nur noch als unübersichtliches und teilweise umkämpftes Feld von globaler Verflechtung wahrgenommen werden (vgl. aber Bottomore/Nisbet 1978: 118 ff.). Die Rekonstruktion der wissenschaftstheoretischen Ansprüche des Marxismus zwingt daher zu einer Begrenzung, sodass allein die Grundgedanken und Grundannahmen Berücksichtigung erfahren.

Mit Marx rücken das Soziale und die Gesellschaft in den Fokus, sein Werk ist Ergebnis einer kritischen Auseinandersetzung mit der Gesellschaft seiner Zeit und weist mehrere Dimensionen auf. Man findet eine Geschichtsphilosophie, eine politische Ökonomie, eine

Ungleichheits- bzw. Machttheorie sowie eine Analyse der Lebenstätigkeit des Menschen mit der Arbeit als zentralem Element. All diese Aspekte zusammengenommen ergeben eine Theorie der bürgerlichen kapitalistischen Gesellschaft, die bis heute nachwirkt. Diese Resonanz ist dadurch zu erklären, dass mit Marx Perspektiven auf die Gesellschaft eröffnet und begründet werden, die für die Sozialwissenschaften anschlussfähig sind. Gleichzeitig bietet Marx einen bestimmten Zugriff auf seinen Gegenstand. Für ihn steht außer Frage, dass die Wahrnehmung des Menschen vor allem durch seine soziale Position und seine soziale Lage bestimmt ist. Im Gegensatz zum Philosophen *Georg Wilhelm Friedrich Hegel* (1770–1831), dessen System er im »Verwesungsprozess« sieht (Marx/Engels 1966: 1199), bestimmt für Marx das soziale Sein das Bewusstsein und nicht umgekehrt. Ausgangspunkt seiner Untersuchungen waren daher die materiellen Bedingungen des Lebens. Der Mensch produziert und erarbeitet seine Lebensbedingungen selbst. Produktive Tätigkeit, für Marx immer eine materielle Tätigkeit, ist Grundlage für Ideen, Vorstellungen und für das Bewusstsein (vgl. ebd.: 26).

Falsches Bewusstsein

Dennoch nimmt das Bewusstsein auch bei Marx eine wichtige Stellung ein. Sein Erkenntnisinteresse ist u. a., ein sogenanntes *falsches Bewusstsein* offenzulegen. Das ist notwendig, weil Marx zufolge gesellschaftlich verankertes Bewusstsein immer durch Herrschaftsstrukturen geprägt ist. Mit den Worten des Autors: »Die Gedanken der herrschenden Klasse sind in jeder Epoche die herrschenden Gedanken, d. h. die Klasse, welche die herrschende materielle Macht der Gesellschaft ist, ist zugleich ihre herrschende geistige Macht« (Marx/Engels 1932: 46). Solche Gedanken gilt es nicht nur zu kritisieren, sondern gleichzeitig sollen die gesellschaftlichen Verhältnisse und Strukturen offengelegt werden, die ein solches Bewusstsein ermöglichen. Dieser Fokus auf die gesellschaftlichen Verhältnisse wurde von Marx in Bezug auf die historische Entwicklung westlicher Gesellschaften über Epochen hinweg dargestellt, er ist aber auch in seiner Kritik der politischen Ökonomie zu erkennen (vgl. Kößler/Wienold 2000: 31 ff.). Die Kritik der politischen Ökonomie ist zwar eine Analyse des Kapitalismus, in der die Logik des Kapitals, die Produktion von Mehrwert dargestellt wird, sie ist aber auch der Versuch, Widersprüche, die in der klassischen bürgerlichen Ökonomie verschleiert wurden, offenzulegen.

Ob ein Blick auf die Verhältnisse, so wie sie wirklich sind, möglich ist, ist eine Frage, die heute sicherlich anders beantwortet wird als noch vor 150 Jahren. Was aber möglich ist und von Marx bereits eingelöst wurde, ist eine *Ideologiekritik*, und zwar in dem Sinne, dass das Bewusstsein auf eine soziale Position und damit verbundene Interessen zurückgeführt wird. Was später als Grundgedanke der Wissenssoziologie aufgegriffen wird, ist bei Marx Bestandteil einer Kritik. So zum Beispiel in seinen Schriften zur politischen Ökonomie, in denen er davon ausgeht, dass innere Widersprüche, die in der klassischen bürgerlichen Ökonomie zum Vorschein kommen, auf Widersprüche in der Gesellschaft verweisen. Berühmt geworden ist z. B. der Befund eines *Fetischcharakters der Ware*, der auch heute noch auf zahlreiche Güter zutrifft. Dass Waren aber unter Umständen mehr als nur Gebrauchswert darstellen, kann nur verstanden werden, wenn man erkennt, dass ihr Status mit gesellschaftlichen Dingen zusammenhängt (vgl. Marx 1977, I: 86).

Auch die Ungleichheitsdimension ist in Marx' Kritik der Ökonomie aufgehoben. Ungleichheit stellt sich ihm als Tendenzbeschreibung der Ausbeutungs- und Herrschaftsverhältnisse im Kapitalismus der bürgerlichen Gesellschaft dar. Die beiden Klassen, Bourgeoisie und Proletariat, bedingen sich als Stützen des kapitalistischen Systems gegenseitig. Marx' leider unvollendet gebliebene Klassentheorie kennt zwar andere Klassen, wie z. B. die Grundeigentümer, sie beschreibt aber eine für Marx offensichtliche Entwicklung, auf Grundlage der Beobachtung, dass Arbeit sich immer mehr in Lohnarbeit und Produktionsmittel sich immer mehr in Kapital verwandeln (vgl. Marx 1977, III: 892). Die Ungleichheitsdimension in der Gesellschaft wird von Marx durch die Position in Bezug auf das Kapital bestimmt, die Beziehung beider Klassen zueinander ist aufgrund ihrer widersprüchlichen Interessen auf einen Konflikt ausgelegt. Marx zog Konsequenzen aus seinen Analysen, denn er forderte nicht nur einen Kampf gegen falsches Bewusstsein, sondern auch die Emanzipation und die Herausbildung eines Klassenbewusstseins der Arbeiterklasse, was schließlich seiner Auffassung nach zum Umsturz der Verhältnisse führen sollte. Der praktisch-politische Aspekt seines Werks ist mit der Gesellschaftstheorie fest verbunden.

In Bezug auf die Wissenschaftstheorie können für den Marxismus drei Aspekte herausgestellt werden: die *Gesellschaftskritik*, die Perspektive des *Materialismus* und die *Dialektik* als Methode bzw. als Art und Weise zu denken.

Gesellschaftskritik

Die von Marx an den gesellschaftlichen Verhältnissen und an den herrschenden Vorstellungen geübte Kritik ist grundlegend mit seinem Erkenntnisinteresse verbunden. Der Soziologe Henri Lefebvre formulierte dies im Sinne einer Prämisse für eine Soziologie nach Marx: »Ohne Kritik der akzeptierten Vorstellungen und der bestehenden Wirklichkeit ist keine Erkenntnis möglich, vor allem nicht auf dem Gebiet der Wissenschaft von der menschlichen Wirklichkeit.« (Lefebvre 1972: 12) Auch auf das »Warum« kann eine Antwort gegeben werden, denn die marxistische Perspektive misstraut den Vorstellungen, die allgemein akzeptiert sind, weil sie um die Herrschaftsverhältnisse und die damit verbundenen Möglichkeiten weiß, Meinungen als allgemeine und »natürliche« Vorstellungen auszugeben. Diese Kernaspekte können auch wissenschaftstheoretisch gewendet werden, in diesem Sinne fordert der historische Materialismus einen Ausgangspunkt in der Gesellschaftskritik.

Historischer Materialismus

Die Perspektive des Materialismus ist gegen idealistische Auffassungen wie z. B. die von Hegel gerichtet. Marx geht nicht wie dieser vom Geist oder vom Bewusstsein, sondern von der Arbeit in einer jeweiligen Produktionsweise, als Tätigkeit zur Herstellung materieller Güter, aus. Der Vorrang der materiell existierenden Welt und der materiellen Beziehungen sollte durch die Anlehnung an den Materialismus der mechanischen Naturphilosophie, der in der wissenschaftlichen Revolution z. B. von Newton vertreten wurde, gesichert werden. Die Bezeichnung *Historischer Materialismus* wiederum wurde und wird häufig synonym für das Marxsche Forschungsprogramm verwendet. Habermas nennt den Historischen Materialismus eine »Theorie der sozialen Evolution« (Habermas 1982: 144), die in Konkurrenz zu anderen Theorien des sozialen Wandels steht. Im Kern dieser Theorie befindet sich das Konzept gesellschaftlicher Arbeit. In der kapitalistischen Gesellschaft ist die Arbeit von einem Herrschafts- und Ausbeutungsverhältnis geprägt. Die ökonomisch bestimmten Klassen, die sich unter diesen Verhältnissen bilden, stehen in einem Konfliktverhältnis zueinander und provozieren so einen sozialen Wandel.

Dialektik

Die Bedeutung des Historischen Materialismus als Theorie sozialer Evolution wird aber erst in Verbindung mit der *Dialektik* schlüssig. Die Dialektik, bei Marx eher eine Denkweise als eine Methodologie, baut auf Hegels Ausführungen zur Dialektik auf. Ursprünglich als Kunst des Streitgesprächs wird die Dialektik tragender Bestandteil des Hegelschen Systems. Sowohl bei ihm als auch bei Marx ist die Dialektik mit einer Geschichtsphilosophie verknüpft, wenn auch die genauere Bestimmung der Entwicklung jeweils unterschiedlich ist. In beiden Fällen ist die Dialektik eine Interpretation von Sachverhalten, ein Streitgespräch von Aussage und Gegenaussage. Doch diese

Beschreibung ist zu ungenau, da Hegel in seinem philosophischen System die Dialektik auf eine neue intellektuelle bzw. reflektive Stufe hebt. Dennoch ist bei Hegel und auch bei Marx ein Dreischritt von Interpretationen bzw. Aussagen ersichtlich. Die sogenannte »dialektische Triade« von Thesis, Antithesis und Synthesis (vgl. Popper 1972: 263) geht vereinfacht gesagt davon aus, dass einer Aussage eine Gegenaussage entgegensteht und dann aufgrund eines Dialogs eine Synthese der beiden Aussagen als etwas Neues entsteht. Damit kommt man dem, was Dialektik ist, näher. Doch bei Marx treten andere wesentliche Aspekte hinzu, ihm geht es um Widersprüchliches. Hegel sprach bereits von Negation, in dem Sinne, dass Phänomene oder Aussagen selbst etwas Gegensätzliches oder Negatives beinhalten. Es ist also nicht einfach ein Diskurs von Für und Wider, sondern ein Konflikt, den die Dialektik als Grundlage für einen Wandel begreift. Wenn also Marx die Geschichte als Geschichte von Klassenkämpfen bezeichnet (vgl. Marx/Engels 1848: 462), dann gibt es im Fall der bürgerlichen Gesellschaft die beiden bereits erwähnten Klassen von Bourgeoisie und Proletariat, die sich gegenseitig bedingen und einander im Widerspruch gegenüberstehen. In diesem Sinne gibt es keine Bourgeoisie ohne Proletariat, denn ihr Reichtum beruht ja gerade auf deren Ausbeutung. Genauso wenig gibt es kein Proletariat ohne Bourgeoisie, denn es ist dazu gezwungen, seine Arbeitskraft an sie zu verkaufen. Beide Klassen bedingen sich also gegenseitig, jede Klasse beherbergt ihre Negation, das ist hier die andere Klasse, bereits in sich. In der Logik der Dialektik kommt es zu einer Aufhebung dieses Konflikts in einer neuen Epoche. Aufhebung deshalb, weil das ursprüngliche Konfliktverhältnis im Wortsinne aufgehoben und auf eine neue Stufe gehoben wird.

Die Dialektik ist in diesem Fall mit einer Geschichtsdynamik verknüpft. Marx erkennt diesen Prozess als Epochenwechsel in mehreren Stufen der Gesellschaftsentwicklung. Die Dialektik ist die Denkweise bzw. die innere Logik des Historischen Materialismus. Damit wird auch deutlich, warum Habermas diesen als Theorie sozialer Evolution bezeichnet. Der dialektische Prozess ist nicht nur dynamisch, sondern auch prinzipiell unabschließbar. Dass er bei Marx nach der Revolution der Arbeiterklasse zu einem Ende kommt, ist aber nur auf den ersten Blick ein Widerspruch. Denn wo es, wie im Kommunismus, keine Klassen mehr gibt, gibt es auch keinen Klassenkampf.

Warum aber ist die Dialektik nun eher Denkweise als Methodologie? Streng genommen liefert der Marxismus eine Interpretation der Wirklichkeit, die man anzweifeln kann. Wenn z. B. Marx und Engels, wie oben erwähnt, festhalten, dass die Geschichte aller bisherigen Gesellschaften die Geschichte von Klassenkämpfen ist, dann ist diese These empirisch schwer zu belegen, aber auch schwer zu widerlegen. Ganz ähnlich verhält es sich mit der Dialektik. Es ist, wie bereits Seiffert (1972: 232) festhält, eine »Frage des Glaubens«, ob man die Maximen des Marxismus anerkennt oder nicht. Dass die Geschichte auch anders interpretiert werden kann und dass Prognosen für die Zukunft auch anders aussehen können, sind Probleme, mit denen sich die Dialektik des Marxismus konfrontiert sieht. Richtig ist aber auch, dass die Dialektik und der Marxismus selbst eine Weiterentwicklung vollzogen haben. Einiges von dem, was die kritische Theorie später diskutiert, findet man aber bereits bei Marx.

Wie gesehen, wendet sich der Marxismus gegen den Idealismus. Tatsächlich kennt der Marxismus nur zwei Denkweisen: hier den Materialismus, dort den Idealismus. Doch mit einer solchen Trennung wird man den Ansprüchen nicht gerecht, wesentliche Strömungen aufzuzeigen, aus denen die Sozialwissenschaften einen Antrieb erfuhren. Sicher ist es möglich, die Begründung einer Disziplin als Variation der Interpretation philosophischer Systeme darzustellen. Der

Soziologe Wolfgang Schluchter hat eine solche Konstitution für sein Fach in Form eines Hegelianismus und eines Kantianismus beeindruckend aufgearbeitet (vgl. Schluchter 2015), doch hier soll ein anderer Weg genommen werden. Die Multiparadigmatik der Sozialwissenschaften ist ebenso wie durch den Rekurs auf Klassiker durch die Weiterentwicklung von Strömungen bedingt. In bewusster Begrenzung soll nachfolgend neben dem Positivismus und dem Marxismus der Historismus dargestellt werden.

Historismus

Vor allem im ersten Drittel des 20. Jahrhunderts ist von einer »Revolution des Denkens« (Graf 2008) die Rede, die fortan als *Historismus* bezeichnet wird. Bei genauerer Betrachtung hat diese »Revolution« allerdings Vorläufer und Nachfolger. Zudem hält die Frage nach dem, was Historismus ist, seit hundert Jahren an (vgl. Steinmetz 2020). Das liegt unter anderen daran, dass dessen Inhalte immer wieder neu interpretiert werden und die Klammer der Gemeinsamkeiten der Interpretation eher lose ist. Beachtenswert ist die interpretative Breite des Historismus bereits in der Hochphase, hier trifft man auf auch heute noch bekannte Namen aus ganz unterschiedlichen Disziplinen mit je eigenen Deutungen. Zu nennen sind beispielsweise *Ernst Troeltsch* (1865–1923, Theologie/Philosophie), *Karl Mannheim* (1893–1947, Soziologie), *Friedrich Meinecke* (1862–1954, Geschichte), *Erich Rothacker* (1888–1965, Philosophie/Geisteswissenschaften) und *Wilhelm Dilthey* (1833–1911, Philosophie/Geisteswissenschaften). Die Diskussion um verschiedene Formen des Historismus wurde immer auch als Kritik geführt, bekannt geworden ist z. B. eine Streitschrift des Wissenschaftsphilosophen Popper (vgl. 1974), der den Vorwurf der Teleologie, also der Annahme einer vorbestimmten Entwicklung der

Gesellschaft, gegenüber dem Historismus erhebt und sich kritisch gegenüber »Prognose« und »Prophetie« in den Sozialwissenschaften positioniert. Neben dem Problem der verschiedenen Interpretationen des Historismus trifft man spätestens bei Popper auf eine weitere Schwierigkeit. Poppers Werk trägt im Englischen den Titel »The Poverty of Historicism«. Anders als im Englischen meint im Deutschen *Historizismus* etwas anderes als Historismus, nämlich vereinfacht gesagt, eine eher einseitige Geschichtsphilosophie, die auf ein System von Entwicklungsgesetzen zugeschnitten ist. Mit diesem Verständnis ist es möglich, die oben diskutierten Philosophen Comte und Spencer als Historizisten zu bezeichnen. Das Feld wird noch ein wenig unübersichtlicher, wenn neben die verschiedenen Historismen noch der Historizismus tritt. Im weiteren Verlauf ist allein von einem Historismus die Rede, dessen wesentliche Ausprägung in Deutschland erfolgte. Der obigen Auflistung lassen sich auch noch *Max Weber* (1864–1920) und *Georg Simmel* (1858–1918) hinzufügen. Max Webers wissenschaftstheoretische Begründung der Soziologie erfolgte in Auseinandersetzung mit dem Historismus in der deutschen Nationalökonomie. Eine solche Aufzählung hat selbstverständlich nicht den Anspruch, vollständig zu sein, sie macht aber deutlich, dass es sich beim Historismus, so wie man ihn im ersten Drittel des 20. Jahrhunderts vorfindet, um eine breite Strömung handelt. Er steht für ein Paradigma innerhalb der Geistes- und Sozialwissenschaften. Der Wissenssoziologe Karl Mannheim geht sogar so weit, den Historismus als »geistige Macht von unübersehbarer Tragweite« (Mannheim 1924: 246) zu bezeichnen, der »auch das alltägliche Leben durchdringt« (ebd.).

Was sind aber nun die Grundgedanken des Historismus? Bei der Suche nach Lexemen stößt man häufig auf eher breite Definitionen wie z. B. der, nach der im Historismus davon ausgegangen wird, dass Phänomene nur adäquat verstanden und in ihrem Wert bemessen werden können, wenn man ihre Rolle im gesellschaftlichen Entwicklungsprozess berücksichtigt (vgl. Mandelbaum 2006: 392). Damit ist immerhin eine historische Perspektive verdeutlicht und gleichzeitig die Frage nach dem »Wie« des Entwicklungsprozesses aufgeworfen. Eine solche eher allgemeine Bestimmung erfordert aber eine Konkretisierung. Strömungen wie der zuvor besprochene Marxismus weisen zwar wesentliche Momente dieser Historismusdefinition auf – seine Blickrichtung ist historisch auf die Gegenwart gerichtet, seine Methodologie ist mit dem Versuch verbunden, den gesellschaftlichen Entwicklungsprozess zu erklären –, aber in einem engeren Sinne wird mit dem Historismus etwas anderes als die doch eigenständig begründete Strömung des Marxismus bezeichnet. Umgekehrt ist es aber nicht schwer, in einigen Lesarten des Historismus Einflüsse Hegels, Marx' und der Dialektik zu erkennen.

Steinmetz nennt drei wesentliche Aspekte, die den Historismus auszeichnen: Erstens geht er – der Historismus – von der Allgegenwart des historischen Wandels aus. Er nutzt zweitens ein Verfahren der »Individualisierung« und argumentiert drittens vor dem Hintergrund eines holistischen Denkens (vgl. Steinmetz 2020: 33). Die Allgegenwart des historischen Wandels stellt nicht nur heraus, dass alle Phänomene eine Geschichte besitzen, sondern dass sie darüber hinaus einem Wandel in ihrer gesellschaftlichen Bedeutung und Bewertung unterliegen. Für soziale bzw. gesellschaftliche Phänomene gilt zudem, dass sich ein historischer Wandel auch in der Form vollzieht. Wenn also Max Weber von einem »historischen Individuum« spricht (vgl. Weber 1988: 172), dann tut er dies beispielsweise in Bezug auf den zeitgenössischen Kapitalismus, der als historische und geographische Eigenart existiert. Ein solches Verfahren der Individualisierung bestreitet natürlich nicht, dass es strukturelle oder ideelle Verwandtschaften mit früheren oder späteren Phänomenen gibt, ein historisches Individuum ist aber in seiner besonderen Art durch einen Komplex von Zusammenhängen und durch eine spezielle kulturelle Bedeutung bestimmt. Es ist im Sinne von Max Weber ein *Idealtypus*, eine gedankliche Konstruktion also, die der Erklärung der empirischen Wirklichkeit dient. Webers Methodologie ist deutlich zu unterscheiden von der des Historismus. Er nimmt zwar gelegentlich Bezug auf Ideen, die auch im Historismus aufgehoben sind, aber eine Vorstellung, dass Geschichte auf ein bestimmtes Ziel hinausläuft, ist ihm völlig fremd. Der dritte Aspekt des *holistischen Denkens* verweist hingegen auf ein Bemühen, die Gesamtheit bzw. die ganze Gesellschaft, wenn nicht gar noch größere Totalitäten in den Blickwinkel zu nehmen und nicht bei der Analyse einzelner Phänomene stehen zu bleiben. So wie dem historischen Individuum eine spezielle Kulturbedeutung zukommt, will der Historismus sie doch als Teile von einer Gesamtheit begreifen. Das historische Individuum ist in diesem Sinne Ausdruck einer Epoche, seine Merkmale finden sich auch in anderen Bereichen wieder.

Weltanschauung

Für Karl Mannheim (vgl. 1924: 246) ist der Historismus Träger einer Weltanschauung, womit er klar macht, dass ein Bewusstsein, nach dem »alles im Fluss befindlich ist«, über die Wissenschaften hinausgeht. Dieses neue Bewusstsein verweist Mannheim zufolge auf eine Veränderung im Prinzip der Ordnung der Welt und komme daher in allen Geisteswissenschaften, aber auch in Wissenschafts- und Erkenntnistheorie zum Tragen (vgl. ebd.: 248). In Konsequenz des Historismus stellt sich daher eine Erkenntnistheorie als Ausdruck einer Denkstruktur einer bestimmten Epoche dar. Und tatsächlich konnte ja z. B. oben in den Ausführungen zum Positivismus ihre zeitgeistige Nähe zur rational argumentierenden Naturwissenschaft aufgezeigt werden.

Bei Mannheim erfolgt die Begründung des Historismus aus einer wissenssoziologischen Perspektive. Die Standortgebundenheit der sozialen Position, die jeder Mensch im Blick auf die Welt einnimmt, wird hier sozusagen um eine Geschichtsgebundenheit im Prozess der Gesellschaftsentwicklung ergänzt, in dem Sinne, dass eine jeweilige gesellschaftlich vorherrschende Weltanschauung den Blick auf die Wirklichkeit prägt. Mannheim übernimmt aber auch einige Positionen, die der Philosoph und Theologe Ernst Troeltsch zur gleichen Zeit formuliert. Die Feststellung, dass erst die Interessen des gegenwärtigen kulturellen Subjekts und der Gestaltung der Zukunft die Betrachtung der Vergangenheit ermöglichen (vgl. ebd.: 268), findet sich inhaltlich in gleicher Form bei Troeltsch. Gemeint ist damit, dass es in der Gegenwartsgesellschaft kulturelle Werte und Ideen gibt, die das Bild der Vergangenheit, aber auch der Zukunft beeinflussen. Mannheim erkennt aber auch methodologische Probleme, die mit dem Historismus aufgeworfen werden. Es sind dies außertheoretische Interessen sowie die geschichtsphilosophische Standortgebundenheit selbst (vgl. ebd.: 269). Das Problem, dass außertheoretische bzw. außerwissenschaftliche Interessen in die Forschung eindringen, ist für die Sozialwissenschaften nicht neu. Seit ihrem Beginn sind es ja gerade nichtwissenschaftliche Interessen, die ihre Forschung antreiben, und doch ist es z. B. fraglich, inwieweit der Antrieb der Forschung gleichzeitig auch der Bewertungsmaßstab der Wissenschaft selbst sein kann. In einem späteren Abschnitt wird dieses Problem ausführlich unter dem Stichpunkt der Werturteilsfreiheit diskutiert. Für den Historismus zu Mannheims Zeit gilt die Gefahr, dass politische oder religiöse Interessen die Bewertung des Wandels beeinflussen. Mit der geschichtsphilosophischen Standortgebundenheit ergibt sich auch das Problem des *Relativismus*, denn wenn alle historischen Epochen sozusagen als historisches Individuum in ihrer Einzigartigkeit dastehen, dann ist ein Vergleich bzw. eine Bewertung nur schwer möglich. Dennoch sieht Mannheim den Relativismus des Historismus nicht als Problem. Trotz der Standortgebundenheit bestehe innerhalb des Geschichtsprozesses ein Maßstab konkreter Werte, der allerdings auf einen bestimmten Kulturkreis beschränkt sei (vgl. ebd.: 271). Verschiedene Perspektiven auf ein Phänomen, so kann man festhalten, führen nicht dazu, dass das Phänomen nicht existiert.

Der Historismus entstand in Opposition zum Positivismus. Im Gegensatz zu diesem interessiert er sich nicht für universale Gesetze und für eine alles umfassende Rationalität. Die Kritik, die vom Historismus ins Feld geführt wird, ist eine doppelte, sie zielt auf die Annahmen des Positivismus selbst sowie auf die Gesellschaft. In Bezug auf die Grundannahmen des Positivismus kritisiert der Historismus nicht nur die Gebundenheit an eine bestimmte Epoche, sondern auch, dass die Voraussetzungen, unter denen eine rein rational arbeitende Wissenschaft möglich ist, selbst nicht-rationalen Bedingungen unterliegen. Ein entscheidender Aspekt dieser Opposition ist, dass der Historismus methodologische Eigenständigkeit behauptet. Troeltsch nennt eine klare Unterscheidung von Naturforschung und Geschichte: »Exaktheit, Klarheit, Notwendigkeit und Berechenbarkeit, Weite, Größe und Schönheit sind die Eigentümlichkeiten der Naturerkenntnis; das Bewegliche, Schöpferische, Verantwortungsvolle, Dramatische, Intuitive und Ethische gehört der Historie.« (2008: 260). Teile der Gesellschaft fügen sich demnach nicht den Vorstellungen des Positivismus. Ähnlich sieht es Karl Mannheim, wenn er eine dynamische Konzeption von Wahrheit betont (vgl. Mannheim a. a. O.: 285). Mit Blick auf die Gesellschaft und ihre Bestandteile erkennt Mannheim verschiedene Entwicklungsformen, von denen das System der exakten Naturwissenschaften nur eines darstellt (vgl. ebd.). Zudem verweist Mannheim auf Grenzen in einigen methodologischen Annahmen, die von den Naturwissenschaften für den Bereich der Kultur übernommen wurden. Mit einer »generalisierenden Methode«

werde so z. B. allein die Oberflächenmessung der sozialen Bedingtheit erfasst. Geistige Strömungen, die damit nicht eingeholt werden können, seien aber für die Wissenschaft konstitutiv (ebd.: 297).

Nomothetische und idiographische Methoden

Die »generalisierende Methode«, von der Mannheim spricht, geht auf eine Unterscheidung zurück, die mit den Namen *Heinrich Rickert* (1863–1936) und *Wilhelm Windelband* (1848–1915) verbunden ist. Dem von den beiden Philosophen vorangetriebenen Diskurs um die Jahrhundertwende liegt die Unterscheidung von Natur- und Kulturwissenschaften bzw. von Natur und Kultur zugrunde. Disziplinen wie die Geschichte und die Geisteswissenschaften wurden hier unter den Bereich Kultur subsumiert, ihre Ergebnisse sind Kulturleistungen. Die Methode der Generalisierung (vgl. Rickert 1926: 44) wird den Naturwissenschaften zugeschrieben, denn ihre Phänomene besitzen Eigenschaften, die sich generalisieren lassen; es geht in dieser Methode kurz gesagt um das Allgemeine der Phänomene. Anders verhält es sich mit den Kultur- und Geisteswissenschaften, denn ihr Gegenstand ist eine darstellbare Individualität, der eine Kulturbedeutung zugesprochen werden kann (vgl. ebd.: 80). Ganz ähnlich formuliert es Windelband, der die *Gesetzeswissenschaften* von den *Erfahrungswissenschaften* unterscheidet. Die Vorgehensweise der Naturwissenschaften ist ihm zufolge nomothetisch, ihr Ziel sind allgemeine Gesetze. Die Vorgehensweise der Erfahrungs- oder Ereigniswissenschaften, das sind für Windelband vor allem historische Wissenschaften, ist idiographisch. Ihr Ziel ist die Beschreibung und Erklärung von Phänomenen (vgl. Windelband 1904: 12). Auch wenn Rickert und Windelband nicht direkt dem Historismus zugeschlagen werden können, wirkt ihre Aufteilung der Wissenschaften durch den Zugang zu den Phänomenen in die Diskussion um den Historismus hinein. Mannheim konkretisiert die Methodologie für die Erforschung von kulturellen und geistigen Gebilden und glaubt in der historischen Schule eine

Methode der anschaulich-dokumentarischen Erfahrung begründet (Mannheim a.a.O.: 294). Das Kulturelle, Mannheim spricht zeitgemäß vom Kulturell-Seelenhaften, benötige eine veranschaulichende Methode (vgl. ebd.), die in der Lage ist, das jeweils Besondere zu beschreiben und zu erklären.

Positivismus, Marxismus und Historismus, die hier einführend diskutiert wurden, fordern je einen unterschiedlichen Zugang zur sozialen Welt. Dass sie alle im 19. Jahrhundert entstanden, zeigt, dass zu dieser Zeit ein Bedürfnis vorhanden war, die mannigfaltigen Veränderungen in der Gesellschaft zu erklären. Der Aufstieg des Bürgertums, die Sichtbarkeit der Arbeiterklasse, die Etablierung des kapitalistischen Wirtschaftssystems und die Fragen nach der politischen Steuerung – um nur einige einschneidende Phänomene zu nennen – zwingen zum Nachdenken über die Ordnung der Gesellschaft. Alle drei Denkströmungen geben daher nicht nur eine Antwort auf die Frage, wie Sozialwissenschaften funktionieren und was sie leisten sollen, sondern auch auf die Frage nach der Ordnung der modernen Gesellschaft. Der Marxismus sieht diesbezüglich einen Aufstieg und ein Diktat des ökonomischen Systems, des Kapitalismus, der einen zunehmenden Klassenantagonismus in der Gesellschaft hervorruft. Der Positivismus weiß um den Fortschritt und die Entwicklung der Gesellschaft, der auf Grundlage eines Bündels an progressiven Wissenschaften verbürgt ist. Hingegen sieht der Historismus die Besonderheit einer jeweiligen Epoche und versucht, diese sowie deren Dynamik zu bestimmen. Er schreibt der modernen Gesellschaft eine veränderte Sinnbedeutung und auch neue, kulturell verankerte Werte zu.

4. Besonderheiten der Sozialwissenschaften in Europa und den USA

Keywords: Weltweiter Marxismus – Britische Anthropologie – neue Geschichtswissenschaft in Frankreich – Deutsche Sonderwege? – American Social Sciences

Die Ausführungen des vorigen Kapitels haben bereits deutlich gemacht, dass es verschiedene, teils konkurrierende wissenschaftliche Ursprünge der Sozialwissenschaften gibt. Mit Blick auf einzelne Länder gestaltet sich die Situation noch etwas komplizierter, denn die verschiedenen philosophischen Ursprünge, auf denen die Sozialwissenschaften aufbauen, sind mit länderspezifischen Besonderheiten verwoben. Eine komparative Geschichte der Sozialwissenschaften in Europa und Amerika, noch dazu in einem kurzen Abriss, ist vor diesem Hintergrund kaum möglich. Die spätestens zu Beginn des 20. Jahrhunderts einsetzende Differenzierung in einzelne Fächer mit je eigenen Traditionen erschwert ein solches Anliegen zudem. Was aber möglich ist, ist, die Besonderheiten anhand von einschlägigen Beispielen aufzuzeigen. – Für die oben dargestellten Schulen stellt sich die Situation wie folgt: Während der *Marxismus* recht bald international aufgestellt ist, wirkt der frühe *Positivismus* von Comte vor allem in Frankreich, hat aber in Deutschland nur einen geringen Einfluss. Spencers positivistische *Evolutionstheorie* ist außerhalb seines

Ursprungslands vor allem in den Vereinigten Staaten populär, die frühe Soziologie, aber auch die Ökonomie ebenda ist deutlich vom Glauben an ein Entwicklungsgesetz geprägt. Der *logische Positivismus* des Wiener Kreises und die auf ihn aufbauenden Ideen haben vor allem Einfluss auf empiristische Strömungen und sind ebenfalls nicht auf ein Land begrenzt. Die Frage nach dem Grund für diese unterschiedlichen Entwicklungen lässt sich im Hinblick auf die historischen Situationen bei der Entstehung der Sozialwissenschaften für England, Frankreich, Deutschland und die USA beispielhaft darstellen.

Weltweiter Marxismus

Die Internationalität des Marxismus erklärt sich aus seiner Beziehung zum Kapital. Marx' Theorie der Klassen und der gesellschaftlichen Ungleichheit ist auf einer Theorie des Kapitals aufgebaut. Auf eine einfache Formel gebracht: Wo Kapital ist, da ist auch die Arbeiterklasse und die Bourgeoisie. Da das Kapital aber schon immer global ist, haben auch die beiden Klassen und mit ihnen der Marxismus keine Heimat, wohl aber einen Ursprung. Als Marx 1849 aus Frankreich ausgewiesen wird und nach London zieht, wo er den Rest seines Lebens verbringen wird, kommt er in die pulsierende Metropole des Kapitalismus dieser Zeit. Marx sieht und beschreibt aber gerade die Kehrseite dieses blühenden Kapitalismus, die in England ebenfalls besonders ausgeprägt ist. Er erkennt Ausbeutung, Pauperismus und als deren Konsequenz zunehmenden politischen Widerstand von Arbeiterbewegungen. Die Eindrücke, die Marx in England sammelt, prägen sein Denken und sein Werk, gerade deshalb ist seine Arbeitsweise komparativ. In der »Kritik der politischen Ökonomie« zieht er immer wieder Frankreich, die Vereinigten Staaten, aber auch Deutschland, die Niederlande und Belgien zum Vergleich mit England in Bezug auf die Entwicklung des Kapitalismus heran. Inhaltlich, so viel liegt auf der Hand, kann sich eine Theorie des Kapitalismus in Anbetracht der globalen Verspannungen nicht national beschränken. Aber auch

Marx' Werk selbst ist bald international bekannt, es verbreitet sich rasant weltweit. Das »Kommunistische Manifest«, welches er erstmalig 1848 zusammen mit Friedrich Engels veröffentlicht, wird binnen weniger Jahrzehnte in alle wichtigen europäischen Sprachen übersetzt. Bereits um die Jahrhundertwende ist der weltweite Einfluss des Marxismus so enorm, dass man eher nach den Ländern suchen muss, in denen kein direkter oder indirekter Bezug zur Marxschen Theorie vorhanden ist (vgl. Hobsbawm 2011: 213).

England

Was es bedeutet, dass Marx nach England übersiedelt, kann mithilfe einer Erklärung zur historischen Situation aufgezeigt werden. Denn: London in der zweiten Hälfte des 19. Jahrhunderts ist nicht nur Metropole und Zentrum Englands, sondern auch Mittelpunkt Großbritanniens. Auf der Insel haben sich, früher als in anderen Gesellschaften, die sozialen und politischen Verhältnisse modernisiert bzw. neu arrangiert. Die »glorious revolution« im Jahr 1688 sorgte, zumindest der Form nach, für eine Befriedung der Gesellschaft, indem sie den Adel entmachtete, ihm aber mit der sogenannten »crown in parliament« immerhin noch eine symbolische Funktion in Staat und Gesellschaft zusprach. Im Gegensatz dazu drängte eine neue Klasse an die Macht und bestimmte infolge der Industrialisierung auch bald die politischen Geschicke: die viktorianische Mittelklasse. Die Rede ist also von jener großen gesellschaftlichen Gruppe, zu der auch die von Marx als Bourgeoisie bezeichnete Besitzklasse gehörte. Das Großbritannien des 19. Jahrhunderts war aber auch die Zeit, in der das »British Empire« den Höhepunkt seiner Macht erreichte. Das London, in das Marx kommt, war also tatsächlich das große Britannien, ein Imperium mit dem Anspruch, die Weltordnung zu bestimmen. Das »British Empire« – der

Name deutet bereits darauf hin – war demnach selbst global aufgestellt und Vorreiter wie auch Antrieb einer globalen kapitalistischen Expansion zu Beginn des 20. Jahrhunderts. Es ist nicht überzogen, aufgrund dieser Sonderstellung auch Konsequenzen für die Herausbildung der Sozialwissenschaften zuzugestehen. Dass Marx nicht nur den Welthandel, sondern auch Kolonien und Sklaverei thematisiert, ist vor dem Hintergrund einer britischen Perspektive auf die Welt kein Zufall.

social anthropology

Auffallend ist zudem, dass sich in Großbritannien – trotz Herbert Spencer – lange Zeit keine Soziologie als Disziplin etabliert. Der Grund dafür ist ebenfalls in der britischen Sonderstellung als Imperium zu finden: Großbritannien hat eine überaus erfolgreiche Anthropologie. Auch wenn die »social anthropology« keine rein britische Erfindung ist, ist sie ebendort besonders ausgeprägt – ein näherer Blick hilft, sie in das Feld der Sozialwissenschaften einzuholen. Anthropologie in Großbritannien ist ein Erbe des Kolonialismus und widmet sich dem Studium von nicht-westlichen, nicht-modernen, »einfachen« Gesellschaften und Kulturen. Bereits bei der Gründung der »Anthropological Society of London« im Jahr 1863 wird ein starker Bezug zu den Naturwissenschaften, zu Darwins Evolutionstheorie, aber auch zu Spencers Positivismus deutlich. Die paradigmatische Ausrichtung der Anthropologie ist für die Zeit bis zum Zweiten Weltkrieg am Fortschritt bzw. an der Evolution orientiert. Wandel in der sozialen Welt erfolgt demzufolge analog zum Wandel in der Natur, was die Anthropologie dieser Zeit näher an eine biologisch-evolutionäre Entwicklungsgeschichte der Menschheit als an eine Wissenschaft der sozialen Tatsachen heranrückt.

Diffusionismus

Lange Zeit galt eine historische Erklärung als Königsweg anthropologischer Forschung, so auch in Deutschland, wo die Ethnologie Mitte des 19. Jahrhunderts allerdings den Evolutionismus als Paradigma weitgehend ablehnt und sich eher zwischen Humanismus und Kulturgeschichte verortet. Als Reaktion auf einen Evolutionismus der allenfalls Entwicklungsstufen und Entwicklungsgesetze innerhalb von Kulturen erkannte, wurde auch in England ein Modell des *Diffusionismus* als Alternative diskutiert. Ausgehend von einer gemeinsamen kulturellen Basis steht bei diesem Ansatz die grundsätzliche Verschiedenheit von Kulturen im Blickpunkt; Entwicklung, Differenzierung und Wandel sollen allein durch einen Kulturtransfer erklärt werden. Beide Ansätze – sowohl Evolutionismus als auch Diffusionismus – führen in eine Sackgasse, weil sie der Komplexität und der Dynamik von Kulturen zu schematisch entgegentreten (vgl. Eriksen 2001: 48).

Eine Neuausrichtung und Modernisierung der britischen Anthropologie erfolgt spätestens in den 1920er Jahren, wobei es sich auch hier verbietet, von einer einheitlichen paradigmatischen Ausrichtung auszugehen. Am Beispiel zweier Gründungsväter der modernen Sozialanthropologie kann eine Orientierung an der Soziologie, aber auch an der Psychologie aufgezeigt werden, die historische Betrachtungsweise verliert in diesem Zuge an Bedeutung. Zum ersten Beispiel: Der polnischstämmige Anthropologe *Bronislaw Malinowski* (1884–1942) war bis zur Emigration in die USA an der London School of Economics tätig. Er vollzog einen Blickwechsel, sodass die Anthropologie nunmehr die Welt aus Perspektive der beobachteten Kulturen selbst untersuchte. Mit seinem Bemühen, die Funktionsweisen der Gemeinschaft zu verstehen, Kultur als System zu begreifen und eine Theorie der Institutionen aufzustellen (vgl. Malinowski 1975), wird eine Nähe zur Soziologie, aber auch zur deutschen Kulturpsychologie deutlich. Einige seiner Ideen finden sich bei Talcott Parsons wieder, der eine Zeit lang Malinowskis Schüler in London war.

Zum zweiten Beispiel: *Alfred Reginald Radcliff-Brown* (1881–1955). Der in England ausgebildete Anthropologe Radcliff-Brown kam nach

Stationen an den Universitäten in Cape Town, Sydney und Chicago wieder zurück nach England, genauer nach Oxford. Bereits während des Studiums widmete er sich den Werken der französischen Soziologen *Émile Durkheim* und *Marcel Mauss* (1872–1950), die ihrerseits auch anthropologische Forschung betrieben. Radcliff-Brown entwickelte einen analytisch strengen und formalen Zugang zu sozialen Institutionen, der zudem von der Frage nach deren Funktion für die jeweilige Kultur geprägt ist. Mit seiner Anthropologie, die auch soziale Organisationen untersucht, schlägt er deutliche Brücken zur Soziologie. Davon zeugen auch sein Interesse an theoretischen Fragestellungen, methodischen und methodologischen Probleme sowie sein Bemühen um die Generalisierung von theoretischen Ergebnissen. In der Verknüpfung der britischen Anthropologie mit Ansätzen der Durkheim-Schule zeigt Radcliff-Brown einen Weg auf, den auch spätere Anthropolog*innen wie Mary Douglas einschlagen. Es ist nicht übertrieben festzuhalten, dass für einen langen Zeitraum die Anthropologie die dominante Sozialwissenschaft in Großbritannien darstellt. Damit darf aber nicht unterschlagen werden, dass die social anthropology nur eine von mehreren Spielarten darstellt.

Positive Philosophie

Die Situation in Frankreich stellt sich gänzlich anders dar. Auguste Comtes Versuch, eine Soziologie auf Grundlage der positiven Philosophie aufzubauen, ist in der Zeitfolge der Begründungsversuche einer modernen Wissenschaft des Sozialen der erste. Sieht man einmal von der britischen Schriftstellerin, Ökonomin und Soziologin *Harriet Martineau* (1802–1876) ab, deren Werk und Wirkung erst ansatzweise aufgearbeitet ist, dann folgt auf Comte, mit einem Abstand von 20 Jahren, Karl Marx. Auguste Comte stirbt im Jahr 1857, ein Jahr später wird der eigentliche Begründer der modernen französischen Soziologie, Émile Durkheim, geboren. Doch bereits Comtes Soziologie ist eine Reaktion auf den gesellschaftlichen Umbruch in eine Industriegesellschaft. Man muss in diesem Zusammenhang noch den Philosophen, Frühsozialisten und politischen Denker *Henri Saint-Simon* (1760–1825) erwähnen, der die Industriegesellschaft theoretisch aufarbeitet. Mit ihm arbeitet Comte lange Zeit zusammen, er übernimmt viele Ideen von Saint-Simon, wobei es zutreffender ist zu sagen, dass sich beide gegenseitig ergänzen und beeinflussen. Beide, Henri Saint-Simon und Auguste Comte, erfahren nach dem Tod eine aus heutiger Sicht eher ungewöhnliche Wertschätzung als Verbreiter einer neuen Lehre. Während die Saint-Simonisten sich weitgehend auf die Diskussion einer neuen, industriellen Gesellschaftsordnung beschränken, führt die Bewunderung Comtes in kultisch-religiöse Bereiche.

Revolutionen

Anders als in England sind die politischen Verhältnisse in Frankreich zur Zeit Comtes noch nicht gefestigt. Auf die Revolution folgt eine Gegenrevolution, auch die Herrschaft des »Bürgerkönigs« von 1830 bis 1848 wird gewaltsam beendet. Eine Besonderheit von Comtes Soziologie, die er mit anderen progressiven Kräften seiner Zeit teilt, ist das Bemühen, gesellschaftliche, politische und ökonomische Reformen auf der wissenschaftlichen Revolution der Frühen Neuzeit aufzubauen. Eine Gemeinsamkeit mit England ist, dass sowohl dort wie in Frankreich die Diskussion um gesellschaftliche Reformen mit der Idee verbunden wurde, diese durch die neuesten wissenschaftlichen Erkenntnisse abzusichern, wenn nicht gar Reformen durch Wissenschaft zu beschleunigen. Die neuen, positiven Wissenschaften sollen der Gesellschaft dienlich werden. Und tatsächlich entfaltet die Trias von Naturphilosophie bzw. Naturwissenschaft, Fortschritt und Positivismus in Frankreich eine kaum zu unterschätzende Wirkung. Selbst wenn Comte als Privatgelehrter außerhalb von Wissenschaft und Universität tätig ist, ist seine Lehre wirkungsvoll. Hinzu kommt, dass er selbstverständlich nicht der einzige, wohl aber heute der bekannteste Vertreter eines Positivismus ist. Ein Insistieren auf die Kraft des Fortschritts verbunden mit dem Glauben, dass die Wissenschaften nahezu alle Probleme lösen können, ist eine im 19. Jahrhundert weitverbreitete Ansicht. Dieses Versprechen wie auch die Hoffnung auf das Potential der Wissenschaften führten dazu, dass der Positivismus spätestens in der re-reformierten französischen Universität ab ca. 1870 Einzug hält und andere Ansätze verdrängt. Bisher waren vor allem die Akademien ein Ort der Innovation, die Universitäten hingegen blickten nach hinten und waren lange Zeit durch alte Tradition, wie die Scholastik, bestimmt. Die drängenden Probleme der Zeit wurden hier vor allem durch die Moralwissenschaft, aber auch durch die Staatswissenschaften verhandelt. Dies betraf die sogenannte »soziale Frage«, das Problem also, wie die neue Arbeiterklasse in die gesellschaftliche Ordnung eingebunden werden konnte, aber ebenso Fragen nach Freiheit, Eigentum und Familie (vgl. Heilbron 2004: 146). Die Kritik, die vonseiten der neuen Wissenschaften aus dem Geiste der Naturphilosophie an die alte Moral- und Staatswissenschaft herangetragen wurde, war die mangelhafter Wissenschaftlichkeit. Wissenschaftlichkeit lässt sich in diesem Sinne gerade als die Verwendung von theoretisch angeleiteten Methoden verstehen, die sich erst mit dem Bezug auf die Naturwissenschaften herausbildete. Erst der Umbau der Universitäten führte dazu, dass Politikwissenschaft und Ökonomie, gegen Ende des Jahrhunderts auch die Soziologie, als akademische Disziplinen Fuß fassten.

Neue Geschichtswissenschaft

Der kanadische Soziologe Robert Leroux hat die besondere Beziehung der Soziologie zu der Geschichtswissenschaft als eine Achse der französischen Sozialwissenschaften herausgestellt. Man muss nicht so weit gehen, die Geschichtswissenschaft als »Mutter aller Sozialwissenschaften« (Leroux 2018: 3) anzusehen, nichtsdestotrotz können alle sozialen Phänomene mit einer historischen Dimension umklammert werden. Richtig ist: Das Aufkommen des Positivismus veränderte auch die Ausrichtung und den Stil der Geschichtswissenschaft. Stand zuvor, zumindest teilweise, ein romantischer Stil im Interesse, wandte sich die Geschichtswissenschaft im Zuge des Positivismus der Suche nach Objektivität zu. Ob die Geschichte eine strenge Wissenschaft im Sinne des Positivismus sein kann, ist allerdings eine Frage, die zum komplizierten Problem der Geschichtsphilosophie und zur Suche nach Gesetzmäßigkeiten im Geschichtsverlauf führt. Fest steht hingegen ebenfalls, dass das Aufkommen der Sozialwissenschaften die Neuausrichtung der Geschichtswissenschaft im Frankreich des 19. Jahrhunderts forcierte (vgl. ebd.: 7). Das Beispiel der Soziologie hilft, dies zu illustrieren.

Auch in Frankreich waren und sind die Wechselwirkungen zwischen Soziologie und Geschichtswissenschaften vielfältig. Bereits Comte widmete sich in seinem Hauptwerk ausführlich einer Analyse der Geschichte der Gesellschaft. Mit der akademischen Etablierung der Soziologie an den Universitäten sah sich die Geschichtswissenschaft herausgefordert, auf die neuen Sozialwissenschaften zu reagieren oder zumindest eine Position zu ihnen einzunehmen. Eine mögliche Umgangsweise mit den Sozialwissenschaften bzw. mit der Soziologie liefern *Lucien Febvre* (1878–1956) und *Marc Bloch* (1886–1944), die gemeinhin als die Gründerväter einer »neuen Geschichtswissenschaft« gelten. Sie suchten nach theoretischen und methodischen Anschlussmöglichkeiten und wurden u. a. bei der Durkheim-Schule fündig. Im Ergebnis ihrer Neuausrichtung wandten sie sich von einer bloßen Ereignisgeschichte ab und erweiterten das Spektrum der geschichtswissenschaftlichen Forschung, indem sie nun auch ökonomische, politische und soziale Phänomene in den Blick rückten. Darüber hinaus wurde Geschichtswissenschaft nunmehr selbst in Bewegung, als geschichtlicher Prozess begriffen, gleichzeitig wurde damit das Bewusstsein um die Rolle des Historikers, z. B. als ein Forscher, der seine Themen auswählt, geschärft.

Annales-Schule

Im Jahr 1929 erschien unter der Herausgabe von Bloch und Febvre die Erstausgabe der Zeitschrift »Annales d'Histoire Economique et Sociale«, die den Protagonisten der »neuen Geschichte« den Namen »Annales-Schule« gab. Die methodologische Ausrichtung der Annales-Schule richtet sich gegen ein stupendes Faktenwissen und auch dagegen, starre Gesetzmäßigkeiten aufzeigen. Im Gegenzug dazu wird Geschichtswissenschaft als Wissenschaft des Wandels begriffen, in der die Probleme der Vergangenheit im Lichte gegenwärtiger Bedürfnisse der Menschheit dargestellt werden sollen (vgl. Leroux a. a. O.: 151). Damit tritt sie zumindest teilweise in Konkurrenz zu einer historischen Soziologie. Die Frage allerdings, ob die Geschichtswissenschaft eine Sozialwissenschaft sein kann, ist mit Blick auf die Annales-Schule zu bejahen.

Auch wenn heute die Rolle der deutschen Kolonien, der sogenannten »Schutzgebiete«, bei der Gründung des Nationalstaates sowie deren Einfluss auf die Gesellschaft kritisch diskutiert werden, darf dadurch die Lage in *Deutschland* Mitte des 19. Jahrhunderts nicht falsch eingeschätzt werden. Das deutsche Kaiserreich war zwar Kolonialmacht, aber kein Empire wie Großbritannien. Die gesellschaftliche, politische und ökonomische Entwicklung in Deutschland wurde im Vergleich mit Großbritannien und England häufig als verspätet beschrieben. Zum besseren Verständnis der Besonderheit der Sozialwissenschaften in Deutschland ist es sinnvoll, kurz auf diese »Verspätung« einzugehen.

»Sonderweg« Deutschlands

Auf den ersten Blick erscheint die Rede von einer »Verspätung« oder auch von einem »Sonderweg« Deutschlands ein wenig problematisch, denn es stellt sich die Frage des Vergleichs. Wissenschaftstheoretisch wäre also erst zu klären, ob es sich bei Großbritannien, Frankreich oder auch bei den USA um Fälle handelt, die mit Deutschland vergleichbar sind. Die Sonderweg-These hat vor allem in den Geschichtswissenschaften zu Diskussionsbedarf geführt, die Bedenken ließen sich nicht ganz auflösen. Tatsächlich geht es bei der Verspätungs-These um die soziologisch und historisch relevante Frage, warum moderne Gesellschaften, die sich durch bestimmte politische, ökonomische und kulturelle Merkmale auszeichnen, in einigen Staaten früher entstehen als in anderen. Ein Schlüsselwerk in dieser Debatte ist die »Verspätete Nation« des Philosophen und Soziologen *Helmuth Plessner* (1892–1985). Das Buch wurde Mitte der 1930er Jahre im Exil in den Niederlanden verfasst und ist in erster Linie eine Auseinandersetzung mit der Ideologie des Dritten Reichs. Damit verbunden ist eine Diskussion um die deutsche Nationalstaatlichkeit (vgl. Plessner 1974: 12), die sich im Vergleich mit anderen Ländern erst verhältnismäßig spät gegen die Kleinstaaterei durchsetzte. Aus historisch-kultursoziologischer Perspektive sind Nationalstaat und Gesellschaft nicht allein formale Gebilde, sodass Plessners Werk auch eine genetische Analyse des »deutschen Geistes«, etwas was man heute als gesellschaftlich hegemoniale Denkweise bezeichnen könnte, umfasst. Jener Geist ist Plessner zufolge vor allem durch Kultur geprägt, sodass zu Beginn des 19. Jahrhunderts vereinfacht gesagt wenig politisch-bürgerliche, aber viel kulturell-philosophische Tradition in Deutschland vorherrscht. Die Verspätungs-These bezieht sich somit auf das Politische. Historisch belegbar ist, dass im Vergleich mit Großbritannien und Frankreich die umstürzlerischen Momente in der deutschen Geschichte eher selten sind. Häufig ist, aufgrund der Bedeutung und der Macht, die der Staat im Kaiserreich erfährt, von einer »Revolution von oben« die Rede, was aber de facto einer radikalen Reform durch den Staat im Rahmen der Verfassung entspricht. Die Verspätungs-These wird aber auch häufig auf andere Bereiche angewandt. So erfolgte z. B. die Industrialisierung im Vergleich zu England und Frankreich verspätet, dafür aber mit großer Wucht. Auch die gesellschaftliche Ordnung ist im 19. Jahrhundert noch in einem Umbruchs- und Aushandlungsprozess. Im Übergang zur Moderne müssen die Positionen des Adels als alter Gesellschaftsklasse, aber auch die neue Arbeiterklasse politisch und gesellschaftlich ausgehandelt werden.

Nur vor diesem geschichtlichen Hintergrund sind die Entwicklungen der Sozialwissenschaften in Deutschland richtig einzuordnen. Der oben dargestellte Historismus z. B. erscheint so als spezifisch deutsches Phänomen, der – mit Troeltsch gesprochen – das Dramatische, Intuitive und Ethische in der Geschichte betont. Gleichzeitig sind Mitte des 19. Jahrhunderts vor allem die Philosophien in der Wissenschaft bedeutsam, die das Individuum und dessen Erfahrung in den Mittelpunkt stellen. Ein Interesse für die Gesellschaft und für die zahlreichen Spielarten des Sozialen entwickelt sich erst allmählich und in Auseinandersetzung mit solchen Traditionen. Es ist daher kein Zufall, dass sich erst mit der Reichsgründung 1871 zahlreiche Vereine und Verbände herausbildeten, die sich mehr oder minder mit gesellschaftlichen Fragen und sozialen Problemen beschäftigten. Als Beispiel kann hier auf den 1873 gegründeten »Verein für Socialpolitik« verwiesen werden, dem Sozialwissenschaftler wie Gustav Schmoler oder Max Weber angehören und der den institutionellen Ort des sogenannten Werturteilsstreits darstellt. Das, was heute als Sozialwissenschaften bezeichnet wird, entsteht in Deutschland im Spannungsverhältnis mit Staatswissenschaften bzw. Staatsrechtslehre, Nationalökonomie aber auch mit Geisteswissenschaften und Philosophie.

Philosophie und Soziologie

So ist es eine Zeit lang möglich, Soziologie den philosophischen Disziplinen zuzuschlagen. Als Beispiel kann hier auf *Ferdinand Tönnies* (1855–1936) verwiesen werden, der einen der ersten Begründungsversuche der deutschen Soziologie vorlegte. Dessen 1887 erschienenes Hauptwerk »Gemeinschaft und Gesellschaft« wurde von ihm selbst als Kulturphilosophie bezeichnet und folgte dem Ziel, eine reine theoretische Soziologie auf Grundlage der Philosophie aufzubauen (vgl. Lichtblau 2012: 21). Auch bei *Georg Simmel* (1858–1918), einem weiteren Gründervater der deutschen Soziologie, ist die Trennung von Soziologie und Philosophie kaum vollzogen. Sein Werk ist von einem phasenweisen Wechsel zwischen den beiden Disziplinen gekennzeichnet. Bei Tönnies wie bei Simmel findet man aber weder eine Naturphilosophie noch ein philosophisches Systemdenken wie z. B. bei Hegel. Beide verstehen, dass Soziologie, wenn auch mit Philosophie verbunden, sich den empirischen Wissenschaften öffnen muss. Der Begriff der »reinen Soziologie«, der in der frühen Phase des Fachs häufiger Verwendung findet, ist also nicht als bloße Theorie misszuverstehen, sondern er will damit einen theoretischen Anspruch als Forschungsergebnis, wie in anderen exakten Wissenschaften, einlösen. Tönnies geht in seiner Studie von empirischen Befunden wie z. B. dem Haus und der Stadt als gemeinschaftlichen Organismen sowie von der bürgerlichen Gesellschaft seiner Zeit als historischem Phänomen aus (vgl. Tönnies 1991). Der zweite Teil des Werks versucht, auf Grundlage der theoretischen Aufarbeitung von Gemeinschaft und Gesellschaft verschiedene Formen des menschlichen und des sozialen Willens zu bestimmen. Für Georg Simmel arbeitet Müller (Müller 2018: 36) heraus, dass dieser bereits verschiedene Apriori für die einzelnen wissenschaftlichen Fächer anerkennt. Das kann man als Betonung unterschiedlicher Blickwinkel oder auch als die Akzeptanz von unterschiedlichen Erkenntnisinteressen bezeichnen. »Je nachdem, welchen Erkenntnisschwerpunkt er [Simmel, P. F.] setzt, legt er jeweils eine andere Disziplin zu Grunde. Daher nennt er seine Texte entweder ›Philosophie‹, ›Psychologie‹ oder ›Soziologie‹ eines Phänomens wie etwa des Geldes.« (Ebd.: 37) Die beiden Beispiele machen deutlich, dass die disziplinäre Identität der Sozialwissenschaften prozessual und nicht in einem Handstreich entsteht.

Bezeichnend ist in diesem Zusammenhang, dass auch Max Weber nicht wie z. B. Émile Durkheim die wissenschaftliche Bühne als Soziologe betritt. Weber ist Jurist und versteht sich zunächst als historisch arbeitender Nationalökonom. Seine Habilitation 1892 erfolgte über Agrargeschichte, die Antrittsvorlesung, die er aufgrund der Ernennung zum ordentlichen Professor der Nationalökonomie in Freiburg im Jahre 1895 abhielt, behandelt das Thema Nationalstaat und Wirtschaftspolitik. Der Weg über die Nationalökonomie zur Soziologie wird auch von anderen Sozialwissenschaftlern dieser Zeit wie z. B. Leopold von Wiese oder Werner Sombart bestritten. Für Weber kann festgehalten werden, dass sich sein Interesse für die Soziologie erst allmählich entwickelt. Seine »verstehende Soziologie« (Weber 1988: 424) von 1913 muss so als Ergebnis eines intensiven Arbeitsprozesses an methodologischen und fachlichen Problemen und Begriffen verstanden werden, die über die historische Nationalökonomie in die Gegenwartsgesellschaft seiner Zeit führen.

Politikwissenschaft

Auch die Entwicklung der Politikwissenschaft in Deutschland ist von Besonderheiten geprägt, zur Ergänzung der obigen Betrachtung bieten sich einige kurze Hinweise an. Nimmt man *Niccolò Machiavelli* (1469–1527) oder aber den o. g. Thomas Hobbes als Ausgangspunkt für eine moderne Wissenschaft des Politischen, dann können damit mindestens zwei unterschiedliche Wege beschritten werden. Von

Hobbes wird eine politische Ordnungstheorie entworfen, in der die Befriedung der Gesellschaft durch die Herrschaft des Staats über den Bürger sichergestellt ist, u. a. auch weil dieser einen Teil seiner Rechte freiwillig dem Staat überträgt. Ein solches Vertragsdenken ist in der Frühen Neuzeit häufig anzutreffen und verweist im Fall von Hobbes auf zweiseitige Verpflichtungen, jene des Staates (Schutz) und jene des Bürgers (Verzicht auf das naturgegebene Recht auf alles). Hingegen bietet Machiavelli mit seinem Werk »Il Principe« (1997) eine Moral bzw. eine Psychologie der politischen Macht. Er stellt die Frage nach dem Verhältnis von Politik und Ethik und buchstabiert in diesem Zusammenhang ausführlich die Möglichkeiten der Staatsräson. Der Einfluss dieser ganz unterschiedlichen Wege der politischen Philosophie ist für die Entwicklung des politischen Denkens in der Moderne kaum zu unterschätzen. Die Probleme, die sie beschreiben, sind nach wie vor aktuell. Die Einflüsse dieser politischen Philosophien auf die Entwicklung der politischen Wissenschaft in Deutschland sind allerdings gering. Hier existieren spätestens seit dem 18. Jahrhundert kleinteilige und hochspezialisierte Formen politischer Wissenschaften im Dienste des absolutistischen Staats. Der auch heute noch geläufige Name »Staatswissenschaften« umfasst damit einen Kameralismus, der einerseits die Mehrung des fürstlichen Wohlstands, andererseits die Versorgung des Volks zum Ziel hat, aber auch die sogenannte »Policeywissenschaft«, die Staatsgewalt nach innen ausübt. Die Aufgaben einer so verstandenen politischen Wissenschaft sind umfassend, gleichzeitig aber auch für die Bereiche Recht, Verwaltung und Wirtschaft an konkrete Aufgaben gebunden. Maier spricht in diesem Zusammenhang von einer »spezifischen Sondertradition« (Maier 1996: 13) in Deutschland, die auf dem Weg zu einem Nationalstaat mit eigenen Strukturen und eigenem Recht neue Bedeutung gewinnt. Die Staatswissenschaften etablieren sich im 19. Jahrhundert und werden als akademische Disziplinen institutionalisiert, hierbei werden sie u. a. von dem im Kaiserreich aufkommenden Bemühen um politische Bildung getragen. Mit der Deutschen Hochschule für Politik, die 1920 in Berlin gegründet wird, erreicht die Entwicklung der Politikwissenschaften einen Höhepunkt (vgl. Lauth/Wagner 2019: 38), der allerdings aufgrund der Machtübernahme der Nationalsozialisten nicht lange anhält. Hier erst erhält die Politikwissenschaft die heute bekannte moderne Gestalt, die sich nicht nur auf eine wissenschaftliche Methodik stützt, sondern auch grundständige Bereiche des Faches festlegt.

American Social Sciences

In den *Vereinigten Staaten* setzen die Professionalisierung und Institutionalisierung der Sozialwissenschaften bereits zum Ende des 19. Jahrhunderts ein. Dies lässt sich recht einfach anhand der Gründung von Zeitschriften und Fachverbänden ablesen. Bereits im Jahr 1865 findet man die »American Social Science Association«, einen losen Dachverband für mehrere Disziplinen. In den 1880er und 1890er Jahren entstehen erste Fachjournale der Soziologie und Politikwissenschaften wie z. B. das »American Journal of Sociology« (1895) oder aber »Political Science Quarterly« (1886). Als erster eigenständiger Fachverband im Feld der Sozialwissenschaften entstand 1885 die »American Economic Association« (AEA). Die »American Sociological Association« (ASA) folgte 20 Jahre später, bereits im Jahr 1903 wurde die »American Political Science Association« (APSA) ins Leben gerufen. Erste Lehrstühle für Sozialwissenschaften, Politikwissenschaften oder Soziologie gab es bereits seit den 1860er Jahren. So hielt im Jahr 1869 der irischstämmige *Robert Ellis Thompson* (1844–1924), der sowohl als Mathematiker wie auch als Anglist ausgebildet war, Kurse mit dem Titel

»social science«, die dem Studium generale zugeschlagen waren (vgl. Bossard 1929: 240). Dass diese akademischen Veranstaltungen durchaus dem entsprachen, was man heute als Sozialwissenschaften bezeichnet, zeigt sich u. a. daran, dass Thompson den Menschen bereits als Bestandteil der Gesellschaft begreift und diese als einen legitimen Analysegegenstand der Wissenschaften darstellt. Seine Einführungen in die Sozialwissenschaften umfassen auch methodische und methodologische Probleme, so stellt er z. B. ausgehend von der Nationalökonomie der vor allem in England vorherrschenden deduktiven Methode die in Amerika und in Deutschland bevorzugte induktive Methode der Beobachtung und Generalisierung gegenüber (vgl. ebd.: 244).

Was aber sind die gesellschaftlichen Rahmenbedingungen, die zu einer Beschäftigung mit der sozialen Welt drängen? – Der amerikanische Politikwissenschaftler Max Lerner beschreibt eine Besonderheit der USA, die sie vor allem von Europa unterscheidet: »Amerika ist das einzige große Land in moderner Zeit, dessen Geschichte zugleich die Geschichte der drei gestaltenden Kräfte der modernen abendländischen Welt ist: des Industrialismus in technischer Hinsicht, des Kapitalismus als Organisationsform der Technik, der Demokratie als Mittel, beides zu steuern. Die aus diesen Elementen aufgebaute amerikanische Tradition übernahm ihre Dynamik.« (Lerner 1960: 46)

Folgen der Industrialisierung

Die Großstädte der Vereinigten Staaten sind bereits im 19. Jahrhundert ein »melting pot«, in dem zahlreiche Kulturen zusammenfließen. Die Einwanderung liegt zwischen 1815 und 1860 bei mehr als 5 Millionen Menschen, ein Großteil davon kommt aus Europa. Dieser massive Andrang aus unterschiedlichen Ländern führt zu einer Reihe von sozialen Problemen wie z. B. Arbeitslosigkeit, Armut, Wohnprobleme und Kriminalität. Der vielbeschworene industrielle Aufschwung der USA ab Mitte des Jahrhunderts kann seine Nebenfolgen nicht verdecken. Vor allem in den Großstädten trägt die Industrialisierung zur

Verschärfung der Problemlage bei. Der Industrialismus hat nicht nur eine technische, sondern auch eine soziale Dimension. Ein Heer an schlecht bezahlten Arbeitern verlangt nicht nur Wohnraum, sondern auch Integration und politische Repräsentation.

Politisch werden die Jahre zwischen 1830 bis 1850 als »age of reform« bezeichnet, denn die Politik wird von zahlreichen Reformbewegungen wie z. B. um Frauenrechte, Abolition oder auch um Staatsbürgerschaftsreformen zu Lösungen gedrängt, das ist der Kern des Demokratisierungsprozesses. Zum Teil liefern gesellschaftliche Bewegungen auch selbst Lösungen für die sozialen Probleme. So z. B. der »social gospel«, der von christlichen Organisationen und Privatpersonen angestimmt wurde und Problemen wie Wohnungsnot und Armut mit Nächstenliebe und praktischer Hilfe entgegentrat. Auch die Settlement-Bewegung, zum Teil ebenfalls vom christlichen Glauben getragen, reagierte auf Armut und Ausgrenzung und stellte z. B. in New York und Chicago Häuser zur Verfügung, in denen die ganze Neighborhood wohnen und vor allem auch zusammenleben soll.

Sklaverei

Die historische Entwicklung der amerikanischen Gesellschaft vollzieht sich nicht wie in Europa über die longue durée, wegweisende Prozesse der Industrialisierung und der Herausbildung von Kapitalismus und Demokratie erfolgen hier wie unter einem Brennglas. In den Vereinigten Staaten ist keine Adels- oder Königsfrage zu lösen, der radikale Weg der Revolution von einer alten in eine neue Gesellschaft ist ebenfalls nicht notwendig. Bereits 1836 hielt der französische Politikwissenschaftler *Alexis de Tocqueville* (1805–1859), der im Auftrag der französischen Regierung zur Untersuchung der Methoden des Strafvollzugs in die USA gesandt und mit einem umfangreichen Bericht über Demokratie und Gesellschaft zurückgekehrt war, fest: »Heute also ist das aristokratische Element [...] so doch in solchem Grad geschwächt, daß es schwer ist, ihm irgendeinen Einfluß auf die Entwicklung der Dinge zuzuschreiben. Vielmehr haben die Zeit, die Ereignisse und die Gesetze das demokratische Element nicht nur zu einem überwiegenden, sondern sozusagen auch zu einem ausschließlichen Faktor gemacht.« (Tocqueville 1967: 33) Und dennoch gibt es ein soziales Phänomen, das vollkommen quer zu den demokratischen Bewegungen steht, die den europäischen Beobachter begeistern: die Sklaverei. Das System des Sklavenhaltertums sowie die damit einhergehende race- bzw. colour-line, die sich als Ungleichheitsmerkmal verfestigt, prägen die Gesellschaft der Vereinigten Staaten bis heute.

Chicago School

Diese besondere gesellschaftliche Lage Amerikas im 19. Jahrhundert, die sich als beschleunigte Modernisierung bezeichnen lässt, schlägt sich auch in den Forschungsthemen der Sozialwissenschaften nieder. Im Vordergrund des Interesses stehen dementsprechend: Migration, Ungleichheit, Urbanität und »race relations«. Letzteres kennzeichnet ein Problem, welches sich mit dem Ausbeutungssystem der Sklaverei, einhergehenden Unruhen sowie der Suche nach rechtlicher, politischer und sozialer Gleichstellung in die Aufmerksamkeit drängte. Ein Großteil dieser Themen wurde von der sogenannten »Chicago School of Sociology« aufgegriffen, die spätestens in den 1920er Jahren das führende und einflussreichste Department für Soziologie in den USA besaß. Zumindest in ihrer Frühphase verbinden sich hier »social work« und »social sciences«. Eine ihrer Leitfiguren, der Philosoph und Psychologe *George Herbert Mead* (1863–1931) ist selbst Sozialreformer *und* Sozialforscher. Das Department war aber auch eine Zeit lang eng mit der Settlement-Bewegung um das Hull House in Chicago verbunden.

Eine wegweisende Studie für die Entwicklung der Soziologie in Amerika, die sich einem sozialen Problem annahm, wurde im Jahr 1918 von William I. Thomas und Florian Znaniecki publiziert. Unter dem Titel »The Polish Peasant in Europe and America« untersuchten die Verfasser die Lebenswelt polnischer Bauern vor und nach der Emigration. Ein besonderes Merkmal, welches Thomas und Znaniecki für die Zeit nach der Ankunft in den USA herausarbeiten, ist die Desintegration gesamter Gruppen (Thomas/Znaniecki 1958). Es ist kein Zufall, dass zu dieser Zeit zahlreiche andere Gruppen teils marginalisiert, teils aber auch politisierend und demonstrierend das öffentliche Bild der amerikanischen Gesellschaft prägen. Die Bedeutung sozialer Gruppen für eine Gesellschaft, die sich als Gesellschaft von Individuen versteht, wird damit hervorgehoben. Thomas und Znaniecki ist vor allem an der Aufdeckung von Sinngebung, der Interaktion und an den sozialen Beziehungen der Emigranten gelegen. Sie rekonstruieren und beschreiben daher das Leben und das sinnhafte Erfahren der Bauern auf unterschiedlichen Ebenen (Individuum, primäre und sekundäre Gruppen, Gesellschaft). Mit diesem Fokus wird ein genuin soziologisches Erkenntnisinteresse gestärkt. Gruppen, sozialer Sinn und Interaktion sind soziologische und nicht psychologische oder ökonomische Untersuchungskategorien. Auch in methodischer Hinsicht wird die Studie bald als einschlägig angesehen, Quellengrundlage sind umfangreiche Briefwechsel, die hermeneutisch aufgearbeitet und interpretiert werden. Die theoretischen Aussagen, die von den Verfassern gezogen werden, beruhen vor allem auf einer Generalisierung dieser empirischen Daten.

Pragmatismus

Es scheint vor diesem Hintergrund nicht übertrieben, eine Besonderheit der amerikanischen Sozialwissenschaften herauszustellen. Die dargestellten gesellschaftlichen Rahmenbedingungen fördern kulturelle Einstellungen wie Erfolgsstreben und das Vertrauen in die eigenen Fähigkeiten als self-made man. In den Sozialwissenschaften schlagen sich solche Einstellungen u. a. im theoretischen Konzept des Pragmatismus nieder. Der Pragmatismus bietet keine einheitliche Theorie, aber es lassen sich ausgehend von seiner Entstehung im letzten Drittel des 19. Jahrhunderts einige Grundannahmen festhalten.

Ausgangspunkt pragmatistischen Denkens ist die soziale Welt mit ihren zahlreichen Anforderungen und Problemen, auf die der Mensch durch soziales, aktives Handeln reagiert. Die Gesellschaft wird als dynamisch begriffen, deren Gestaltung vor allem durch aktives Handeln erfolgt, was zuvorderst die Lösung konkreter Probleme in der lebensweltlichen Praxis meint. Eine so verstandene pragmatistische Haltung wendet sich gegen den Dualismus von Individuum und Gesellschaft und betont im Gegenzug ein dialektisches Ineinander und die Hervorbringung von Neuem. Der Pragmatismus ist eng verbunden mit einer Reihe von Philosophen und Sozialwissenschaftlern, die alle im 19. Jahrhundert geboren wurden und die das amerikanische sozialwissenschaftliche Denken nachhaltig geprägt haben. Es ist hilfreich, zumindest kurz auf einige Namen zu verweisen, auch wenn ihre Positionen und Ansätze hier nicht referiert werden können.[5] Zu nennen ist zunächst der Philosoph *Charles S. Peirce* (1839–1914), auf den das moderne Konzept des Pragmatismus zurückgeführt werden kann. Einige seiner Gedanken werden vom Psychologen *William James* (1842–1910) aufgegriffen, der zusammen mit Peirce als führender Vertreter des philosophischen Pragmatismus gilt. Besonders die von ihnen entwickelten Konzeptionen von Identität sind für die Sozialwissenschaften anschlussfähig. Wenn man, zu Zwecken der besseren Darstellung, die philosophische von der sozialwissenschaftlichen Schule des Pragmatismus trennt, dann lassen sich der zweiten Schule der Soziologe *Charles Horton Cooley* (1864–1929), der Philosoph und Pädagoge *John Dewey* (1859–1952) und der oben bereits erwähnte George Herbert Mead zuschlagen. Cooley, um hier zumindest ein Beispiel aufzugreifen, wurde vor allem durch sein Identitätskonzept des sogenannten *looking-glass self* bekannt, demzufolge das Ich (einer Person) sich im Geiste von anderen (Personen) herausbildet (vgl. Cooley 1902: 136). Konzeptionen wie diese können als Vorstufen oder

Bausteine einer späteren umfassenden Theorie, wie z. B. des symbolischen Interaktionismus, auf den weiter unten noch eingegangen wird, verstanden werden.

Der Pragmatismus und die darauf aufbauenden Theorien in den Sozialwissenschaften der USA vollziehen einen bewussten Bruch mit der europäischen Tradition großer philosophischer Systeme, in die sich – der philosophischen Logik folgend – auch eine Theorie der Gesellschaft einfügen muss. Wenn weiter oben davon die Rede war, dass Comte und vor allem Spencer einen großen Einfluss auf die Sozialwissenschaft in den USA hatten, dann ist das zutreffend. Ergänzend muss aber hinzugefügt werden, dass sich neben dieser frühen Spielart der Sozialwissenschaft als Sozialphilosophie recht bald eine weitere Spielart der Sozialwissenschaften verbreitet, die pragmatisch an der empirisch zu beobachtenden Wirklichkeit, an sozialen Problemen und deren Lösungen interessiert ist. Spätestens im ersten Drittel des 20. Jahrhunderts wird diese Auffassung von einem Gros der Fachvertreter akzeptiert. Der Pragmatismus gibt in diesem Kontext ein erstes sozialwissenschaftliches Paradigma an die Hand, welches vor allem von der Chicago-Schule vertreten wird.

5. Streit um Werturteile

Keywords: Ein Fallbeispiel – Kulturwertungen und Werturteilsfreiheit – Max Weber – Hans Albert – Kritische Theorie – amerikanische Soziologie

Sollen die Sozialwissenschaften allein erklären und verstehen oder auch beurteilen? Wie gehen sie damit um, dass die Annahmen der Forschenden immer auch mit Werturteilen, Vorannahmen, Meinungen oder gar mit Vorurteilen behaftet sind?

Fallbeispiel: AStA-Aufkleber

Diese Fragen sind nach wie vor aktuell, wie die nachfolgende Beobachtung aus der Berliner Innenstadt im Frühjahr des Jahres 2022 zeigt. Versteht man Stadt als Projektionsfläche für politische und kulturelle Äußerungen, dann fallen neben Gebäuden, Flächen, Mauern etc. vor allem temporäre politische Kommentare in Form von Wandbildern, gesprayten Schriftzügen und Aufklebern ins Auge. Ein Aufkleber der AStA der FU Berlin auf einem Laternenmast trägt den Schriftzug »Rechte Ideologie exmatrikulieren. Kein Studium unter rechten Dozierenden«[6]. Stellt man einmal die Probleme hintan, dass unklar bleibt, wie »rechte Ideologie« genauer bestimmt ist, und dass es sich möglicherweise auch um einen politischen Konflikt ›Links gegen Rechts‹ handeln könnte, nach dem aus Perspektive der AStA linke Ideologie erlaubt, rechte Ideologie aber verboten sein sollte, dann verweist diese Äußerung auf ein Werturteilsproblem. Dozenten äußern oder vertreten demnach an Universitäten politische Meinungen.

Die oben aufgeworfenen Fragen, verbunden mit dem Problem, dass die Forschenden Teil dessen sind, was sie erforschen wollen, werden seit gut hundert Jahren diskutiert. Die Frage nach der Werturteilsfreiheit betrifft im besonderen Maße die sozialwissenschaftliche Methodologie, denn anders als in den Naturwissenschaften stehen hier Forschende und Beforschte als soziale Akteure in Beziehung miteinander und daher ist ihr »Forschungsgegenstand« immer schon durch ein Wissen um ihn vorgeprägt. Tatsächlich kann man im Rückblick sagen, dass der lang anhaltende Streit um Werturteile in den Sozialwissenschaften keinen Sieger und keine Lösung, sondern allenfalls verschiedene Lager hervorgebracht hat. Auf der einen Seite finden sich die Befürworter einer mehr oder minder strikten Trennung von Werturteilen und Wissenschaft, auf der anderen Seite diejenigen, die davon ausgehen, dass Werturteile und Wissenschaft sich gar nicht trennen lassen und Wissenschaft unter bestimmten Bedingungen unvermeidbar Werturteile einfordert. Es existieren zahlreiche Zwischenpositionen. In den späteren Kapiteln werden unterschiedliche Positionen zu dieser Frage erneut angerissen.

Werturteilsfreiheit

Vor dem Hintergrund der hier bereits deutlich aufscheinenden Komplexität sollen die Forderung nach Werturteilsfreiheit sowie die darauf folgende Kritik diskutiert werden. In diesem Zusammenhang ist es sinnvoll, zunächst auf Max Weber einzugehen. Dieser hat in zwei Aufsätzen – 1906 und 1917 – und in seinem berühmten Vortrag »Wissenschaft als Beruf« aus dem Jahr 1919 die Position der Werturteilsfreiheit grundlegend formuliert. In seinem Aufsatz zur »Objektivität sozialwissenschaftlicher und sozialpolitischer Erkenntnis« stellt sich Weber die Frage, ob objektiv gültige Werturteile auf dem Gebiet des Kulturlebens möglich sind (vgl. Weber 1988: 147). Die Antwort, die Weber im Laufe der Darstellung gibt, lautet: Ja, eine solche Erkenntnis ist durch Erfahrungswissen möglich, allerdings sind dazu einige Besonderheiten zu berücksichtigen. Grundlegend für Weber ist eine Unterscheidung der Erkenntnis dessen, was ist, und dessen, was sein soll. Mit anderen Worten: Tatsachen auf der einen, Stellungnahmen und Meinungen auf der anderen Seite.

Wirklichkeitswissenschaften

Die Sozialwissenschaften, die Weber als Erfahrungswissenschaften versteht, sind zuvorderst an der empirischen Wirklichkeit interessiert und sollen daher das, was ist (das Seiende), erforschen. Er spricht in diesem Zusammenhang auch von den Sozialwissenschaften als *Wirklichkeitswissenschaften*, deren Aufgabe es sei, den Zusammenhang und die Kulturbedeutung der sozialen Erscheinungen zu verstehen (vgl. ebd.: 170). Genau in diesem Sinne, nämlich als Kulturerscheinung, kommen für die Sozialwissenschaften auch Normen, Werte und Ideale zur Geltung. Werte, Normen und Ideale sind Kulturphänomene, die untersucht, erklärt und verstanden werden können. Die Perspektive lässt sich aber auch umdrehen, denn Kultur beruht auf Wertungen, Werturteile sind somit Voraussetzung für die Wissenschaft. Die Sozialwissenschaften haben – so Weber weiter – keinesfalls die Aufgabe, bindende Normen oder Ideale zu ermitteln und daraus Rezepte für die Praxis abzuleiten (vgl. ebd.: 149). Die Beurteilung geltender Werte sei, so Weber, Sache des Glaubens (vgl. ebd.: 152). Er sieht die Aufgabe der Wissenschaft gerade im Gegenteil: in der Untersuchung und in der Kritik von Werturteilen und Idealen. In seinem Aufsatz zum »Sinn der Wertfreiheit« formuliert er die Option der Kritik deutlich, denn für ihn ist der »radikalste Zweifel [...] der Vater der Erkenntnis« (ebd.: 496). Die Untersuchung von Werturteilen soll daher auf Grundlage einer formal-logischen Beurteilung von Werten und Idealen bzw. auf Grundlage der Prüfung auf Widerspruchslosigkeit des empirisch erhobenen Materials erfolgen.

Ein weiterer Blick zeigt, dass das Phänomen der Werturteile grundlegender ist, denn auch in sozialen Beziehungen bzw. im sozialen Handeln kommen Werte zum Ausdruck. Aus wissenschaftstheoretischer Perspektive genügt es, allein auf die Handlungstheorie zu verweisen, ohne sie weiter zu diskutieren. Antrieb und Ziele des Handelns unterliegen einem sozialen oder gesellschaftlichen Wandel. In Bezug auf den Forschenden in den Sozialwissenschaften stellt sich Weber das Problem der Werturteilsfreiheit als Gebot intellektueller Rechtschaffenheit. So verstanden, stehen der Werturteilsfreiheit Kulturwertungen bzw. subjektive Ansprüche an die Kultur im Weg. Mit Weber lässt sich eine Reihe von Anforderungen formulieren. Ziel des Lehrenden sei erstens die sachliche Erfüllung einer Aufgabe. Er habe zweitens Tatsachen anzuerkennen, einhergehend die Trennung von Feststellung und bewertenden Stellungnahmen zu berücksichtigen. Und schließlich müsse er drittens die eigene Persönlichkeit hinter die Sachen zurückzustellen (vgl. ebd.: 493). Auch in Bezug auf die Politik sind für Weber die Möglichkeiten der Sozialwissenschaften begrenzt. Gegenüber der Politik bestehe sozusagen eine Dienstleistungspflicht, sie – die Sozialwissenschaften – haben die jeweiligen Tatsachen und Stellungnahmen zu bestimmten Problemen zu berichten, alle weiteren Schlussfolgerungen und Entscheidungen sind nicht Gegenstand der Wissenschaften. Weber schließt den Aufsatz zum Sinn der Wertfreiheit mit dem Rat an die Forschenden, »sich gegenüber den jeweilig herrschenden Idealen [...] einen kühlen Kopf im Sinn der persönlichen Fähigkeit zu bewahren, nötigenfalls gegen den Strom zu schwimmen« (ebd.: 540).

»Verein für Sozialpolitik«

Der Streit um die Werturteile nahm seinen Ausgangspunkt in einer Auseinandersetzung der Soziologie (im weiteren Sinne) mit den Wirtschaftswissenschaften. Letztere sind für Weber selbstverständlicher Bestandteil der Sozialwissenschaften und waren zu seiner Zeit viel enger mit der Soziologie verbunden als heute. Der Streit, ausgetragen im noch heute existierenden »Verein für Sozialpolitik«, wurde von Weber selbst (vgl. Weber 1988), aber auch von anderen (vgl. Albert 2010) umfangreich dokumentiert. Er war letztlich ein Antrieb für die Gründung der »Deutschen Gesellschaft für Soziologie« und markierte so einen disziplinären und methodologischen Bruch mit den Wirtschaftswissenschaften. Der Bruch ist nicht verwunderlich, denn das Erkenntnisinteresse der Nationalökonomie war seit ihrem Beginn von dem anderer Sozialwissenschaften unterschiedlich. Die besondere Stellung der Ökonomie zeigte sich bereits bei Marx. Seit ihrem Beginn als moderne Wissenschaft war sie an Modellen und formalbasierten Erklärungen orientiert, der Einfluss naturwissenschaftlicher Methodologien ist bis heute noch deutlich zu erkennen. Es war gerade eine so aufgestellte Lehre von Entwicklungs- oder Naturgesetzen in der Nationalökonomie, die Weber beim Ökonom und Vertreter der Historischen Schule, Wilhelm Roscher kritisiert (vgl. 1988: 6). Es waren aber nicht nur Vorstellungen von Gesetzmäßigkeiten wie z. B. die harmonische Ordnung des Marktes oder aber der Glaube an ein immerwährendes Wachstum, sondern häufig auch Stellungnahmen und Beurteilungen, welche die Wirtschaftswissenschaften mit der praktischen Politik verbanden.

Das Problem der Werturteile geht in zweierlei Hinsicht über diese Diskussion im »Verein für Socialpolitik« hinaus. Zum einen liegt unterhalb des Werturteilsstreits die Frage nach der Ausrichtung der Sozialwissenschaften vor dem Hintergrund einer modernen Gesellschaft, zum anderen wirkt der Streit um die Werturteile nach und beschreibt ein Kernproblem, welches im Verlauf der Geschichte der Sozialwissenschaften immer wieder zu Diskussionen führt.

Wertpluralität

Max Weber erkannte in der Gesellschaft eine Vielzahl an Wertvorstellungen bzw. miteinander in Konflikt stehende Kulturwerte.

Seine These von der »Entzauberung der Welt« (Weber 1988: 612), dem Verschwinden der Werte aus der Öffentlichkeit, kann so auch als eine Pluralisierung von Werten, die nunmehr allein in unterschiedlichen Milieus angesiedelt sind, verstanden werden. Ergebnis einer solchen Entzauberung ist die empirisch erfassbare Tatsache, dass es keine feste Rangordnung der Werte mehr gibt, auf die man sich berufen kann. Dieser Auffassung steht die von einigen Vertretern der Nationalökonomie erhobene Vorstellung gegenüber, dass ein »[großer] Prozeß [...] die sittlichen Pflichten, Tugenden und Güter, nicht im Detail, aber in den Grundzügen zu wenigen großen und letzten Idealen emporhebt« (Schmoller, zit. n. von Ferber 1972: 170). Eine solche Idee der Überwindung von Klassen- und Wertgegensätzen durch die Betonung moralischer und sittlicher und damit »richtiger« Werte wurde von Gustav Schmoller und Anhängern der »historischen Schule« vertreten. Damit muss nicht die gesellschaftlich beobachtbare Pluralität der Werte bestritten werden, die Betonung von sittlichen und moralischen Pflichten der Wissenschaft zielt hingegen auf eine Überwindung der Pluralität bzw. auf eine Harmonisierung der Wertvorstellungen. Was hier zu Beginn des 20. Jahrhunderts als Werturteilsstreit bekannt geworden ist, beschreibt nicht nur ein »Generationenproblem« (von Ferber 1972: 169) zwischen älteren und jüngeren Wissenschaftlern, sondern auch eine Diskussion um die Frage, was die Sozialwissenschaften leisten sollen und können. Während Weber sich auf die Aufgabe von Erklärung, Beschreibung und Verstehen beschränkt, ist die alte Idee der Ordnung und Hebung der Gesellschaft durch Moral mit Gestaltungsaufgaben der Wissenschaft verknüpft. Hieran schließen sich Fragen an, wie die, ob die Sozialwissenschaften als Instrument zur Transformation der Gesellschaft dienen können oder sollen. Oder die, welcher gesellschaftlichen Probleme sich die Sozialwissenschaft annehmen kann.

Webers Position wurde immer wieder aufgegriffen, diskutiert und offen kritisiert, so z. B. vom Philosophen und Politikwissenschaftler Leo Strauss. Dieser sieht mit Webers Eintreten für die Werturteilsfreiheit die Gefahr des Nihilismus aufkommen oder gar die Ansicht vertreten, dass die Vernunft außerstande sei, zwischen Bösem, Gemeinem, Unsinnigem und dessen Gegenteil zu unterscheiden (vgl. Strauss 1979: 76). Ein Nihilismus, die Verneinung jeglicher gesellschaftlicher Wertordnung, war gewiss nicht Webers Anliegen. Es ist zum besseren Verständnis sinnvoll, bei der Rede von der Werturteilsfreiheit die Ebene der Gesellschaft bzw. die Kultursphäre von der Ebene der Wissenschaft noch einmal zu betonen. Auf Ebene der Sozialwissenschaften spielen Werturteile gleich mehrfach eine Rolle:

Mögliche Werturteile

- Die *Auswahl des Forschungsthemas* erfolgt nicht nur in Bezug auf Interessen, sondern auch in Bezug auf Werturteile, die wissenschaftsintern oder von außerhalb der Wissenschaft getroffen werden können. In der Themenwahl bedingt der soziale Standpunkt des Forschers die Entscheidung. Hier wird mindestens indirekt ein Werturteil gefällt.
- *Kulturell verankerte Werte* können Gegenstand sozialwissenschaftlicher Forschung sein.
- Die *Rolle der Wissenschaft* in der modernen Gesellschaft beruht selbst auf kulturellen Werten wie z. B. Rationalität, Wahrheit und objektiver Geltung.
- Davon zu unterscheiden sind Werturteile in der wissenschaftlichen Praxis.

Weber spricht von der Wissenschaft und den Aufgaben des Wissenschaftlers, wenn er das Postulat der Werturteilsfreiheit erhebt. Werturteilsfreiheit ist so gesehen die Konsequenz aus der Möglichkeit objektiver sozialwissenschaftlicher Erkenntnis. Dennoch sind beide Ebenen, die gesellschaftliche Wertebene und die Ebene der Wissenschaft, nicht komplett voneinander zu trennen. Zielt der u. a. auch von Strauss erhobene Vorwurf, dass Weber wahre Wertsysteme verkenne und dass mit Webers Position eine Relativierung der Ethik einhergehe, auf die Ebene der Gesellschaft, dann handelt es sich hierbei um eine empirische, aber nicht um eine wissenschaftstheoretische Frage. Wie ist es, so fragt Strauss weiter (vgl. ebd.: 86), um die Werturteilsfreiheit in Anbetracht von Hitler und den Konzentrationslagern bestellt? Ist in diesem Kontext eine werturteilsfreie Darstellung überhaupt möglich?

Tatsächlich hat Weber selber Werturteile getroffen und die Werturteilsfreiheit auch nicht als unhinterfragbares Dogma begriffen. Das erkannte auch Strauss, denn im Kern gehe es, so fasst er zusammen, um die Frage, wann, durch wen und wem gegenüber Werturteile geäußert werden sollten (vgl. ebd.: 89). Vor diesem Hintergrund ist es notwendig, noch ein wenig genauer auf die Diskussion um die Werturteilsfreiheit einzugehen. Die Literatur um das Thema füllt mittlerweile ganze Regale, dennoch ist es möglich, auf repräsentative Stimmen und Positionen einzugehen:

Politische Motivation

Es ist dem Soziologen *René König* zu verdanken, den Diskurs über Max Webers Werturteilsfreiheit in den 1960er Jahren aufgearbeitet und auf Missverständnisse hingewiesen zu haben. Bereits Max Weber selbst war sich, so König (vgl. König 1979: 151), um die Missverständnisse, vor allem bei dem Begriff »Werturteil« bewusst. Der relativ einfache Sachverhalt, wie oben bereits mit Webers Worten dargestellt, die Trennung empirischer Tatsachen von einer bewertenden Stellungnahme, produzierte immer wieder Interventionen. König beobachtete, dass Fehlinterpretationen anhielten und z. T. politisch motiviert waren, so z. B., wenn konservative und nationale Strömungen die »Lehre von der Werturteilsfreiheit als Ausdruck des Liberalismus« (ebd.: 155) ansahen. Zur Klärung dieser Fehlinterpretationen und Missverständnisse verweist König auf die bereits oben genannten Perspektiven, die häufig in der Kritik nicht getrennt wurden. Aber: Die Perspektive des Handelnden ist eine andere als die Perspektive des Beobachtenden (vgl. ebd.: 165). Zwar besteht in den Sozialwissenschaften die Besonderheit, dass der Beobachtende immer auch Handelnder ist, dennoch beruht die Möglichkeit objektiver Erkenntnis gerade auf der Unterscheidung von wissenschaftlichem Beobachten und subjektivem Handeln. Damit ist nicht gemeint, dass diese beiden Perspektiven vollständig voneinander zu trennen sind, sondern dass eine objektive Erkenntnis nur aus der Perspektive der Beobachtung möglich ist. Der Verzicht auf Werturteile erfolgt in diesem Zusammenhang, um dem Prinzip der wissenschaftlichen Rationalität gerecht zu werden und die Beobachtung sowie die darauf folgenden Schritte nicht zu verzerren. Diese Werturteilsfreiheit kann im Anschluss an Weber Verantwortungsethik des Wissenschaftlers genannt werden.

Wissenschaftssprache

Wichtig ist auch, wie bereits König (vgl. ebd.: 167) hervorgehoben hat, dass die Beschreibung der beobachteten Wirklichkeit nie vollständig, sondern mithilfe von Begriffen eines theoretischen Systems und daher auch mithilfe einer besonderen Sprache erfolgt. Hierzu sind einige kurze Bemerkungen hilfreich. Zunächst zur Sprache: Die wissenschaftliche Sprache unterscheidet sich deutlich von der Sprache des Alltags, sie ist mit Begriffen, Definitionen und in der Verknüpfung mit Theorien deutlich abstrakter als die Alltagssprache und um Exaktheit bemüht. Eine genauere Unterscheidung für den Bereich der Wissenschaft kann mit Albert (vgl. Albert 1972: 183) getroffen werden. In der Wissenschaftssprache gibt es zahlreiche Aussagearten, maßgeblich in Bezug auf die Frage nach der Werturteilsfreiheit ist aber eine Trennung von *deskriptiven* und *präskriptiven* Aussagen. Deskriptive Aussagen beschreiben Sachverhalte und Tatsachen, präskriptive Aussagen geben Stellungnahmen oder Entscheidungen, es wird Bezug auf das, wie es sein soll, genommen. In Form einer präskriptiven Sprache werden Werturteile oder – mit anderen Worten – normative Aussagen getroffen. Es liegt auf der Hand, dass im Sinne der Werturteilsfreiheit eine präskriptive Sprache vermieden werden sollte.

Theoretisches System

Zum theoretischen System: Wie bereits oben erwähnt, erfolgt die Beschreibung von Phänomenen in den Sozialwissenschaften vor dem Hintergrund eines theoretischen und begrifflichen Systems. Wenn z. B. in Anschluss an Weber die Aufgabe der Sozialwissenschaften als Erklären und Verstehen formuliert wird, dann ist damit ein Hinweis auf methodologische Verfahren der Sozialwissenschaften gegeben, die einer näheren methodischen Umsetzung bedürfen. In diesem Sinne aber ist die wissenschaftliche Forschungstätigkeit des Verstehens und Erklärens keine Parteinahme oder Verständnis oder Akzeptanz einer Werthaltung, sondern der Versuch, die Beobachtung objektiv wissenschaftlich zu analysieren. Zur wissenschaftlichen Objektivität gehört der Anspruch, dass die Forschung intersubjektiv überprüfbar ist. Damit ist gemeint, dass – ähnlich wie in den Naturwissenschaften – die einzelnen Schritte und die angewandten Verfahren und Methoden logisch nachvollziehbar seien sollen, sodass sie auch von einem Außenstehenden überprüft werden können.

Folgt man dem Wissenschaftstheoretiker *Hans Albert* (geb. 1921), dann sind mit der intersubjektiven Überprüfbarkeit Anforderungen an die wissenschaftlichen Aussagen verbunden (vgl. Albert 1972: 187). Es müssen seitens der Methodologie Kriterien für die Überprüfbarkeit wissenschaftlicher Aussagen festgelegt und einhergehend Regeln getroffen werden, die diese Kriterien absichern. Genau hier sieht Albert die Bedeutung der Werturteilsfreiheit, sie ist ein Kriterium für die intersubjektive Überprüfbarkeit. Das eigentliche Werturteilsproblem, so Albert (vgl. ebd.: 189), beziehe sich auf Werturteile innerhalb sozialwissenschaftlicher Aussagen.

Überprüfbarkeit

Umgekehrt haben normativ argumentierende Sozialwissenschaften, also solche, die bewusst auf Grundlage von Werturteilen argumentieren, ein Begründungsproblem, denn Interessen irgendwelcher Art, so Albert (vgl. ebd.: 197), sind als Begründung im Kontext eines auf Rationalität und Logik aufgebauten Wissenschaftssystems kaum akzeptabel. Mit anderen Worten: Baut eine Sozialwissenschaft ihre Aussagen auf Werturteile, dann ist eine intersubjektive Überprüfung schwer zu gewährleisten. Mit dem Hinweis auf normativ ausgerichtete Sozialwissenschaften denkt Albert u. a. an Strömungen wie die Sozialtechnologie, die vor allem in den 1950er bis 1970er Jahren breiter diskutiert wurde und auf eine direkte Umsetzung sozialwissenschaftlicher Forschungsergebnisse zur Steuerung und Gestaltung der Gesellschaft abzielt. Folgt man dem Autor, dann stehen sich letztlich zwei unterschiedliche Auffassungen von Ziel und Zweck der Sozialwissenschaften gegenüber: Sozialtechnologie oder gesellschaftliche Aufklärung.

Kritische Theorie

Eine andere Position, die ganz bewusst auf einer normativen Grundlage aufbaut, diese aber größtenteils außerhalb der Theorie ansetzt und nur selten explizit ausformuliert, wird von der Kritischen Theorie eingenommen. Die Kritische Theorie, die gemeinhin mit *Max Horkheimer* (1895–1973) und *Theodor W. Adorno* (1903–1969) verbunden wird, richtet sich in ihrer wissenschaftstheoretischen Ausrichtung gegen den Positivismus, aber auch gegen Historismus und Pragmatismus[7]. Sie ist im Kern eine Weiterführung des Marxismus, in Auseinandersetzung mit der Philosophie Georg Friedrich Hegels und Immanuel Kants sowie mit der Psychoanalyse Sigmund Freuds.

Eine wissenschaftstheoretische Positionierung der Kritischen Theorie findet man in ihren programmatischen Schriften. Max Horkheimer schrieb in seinem Aufsatz »Traditionelle und kritische Theorie« (1937/1970) der Kritischen Theorie ein auf Emanzipation gerichtetes Interesse zu. Ziel sei die Veränderung des Ganzen (vgl. ebd.: 29), geleitet von der »Idee einer künftigen Gesellschaft als der Gemeinschaft freier Menschen« (ebd.: 36). Anders als Weber formulierte Horkheimer mehr oder minder konkrete Ziele, die er als Wissenschaftsauffassung der Theorie darlegte. Die Kritische Theorie wird von Horkheimer der klassischen Theorie und der »fachwissenschaftlichen Erkenntnis« (ebd.: 50) gegenübergestellt. Begründet wird diese Haltung durch eine Gegenwartsanalyse, die wie Marx in gesellschaftlichen Zwängen eine Unfreiheit der Menschen erkennt. Im Zentrum von Horkheimers Analyse stehen nach wie vor Klassenverhältnisse in einer kapitalistischen Gesellschaft, die als historische Entwicklung von Gegensätzen interpretiert werden. Kritisches Denken führt Horkheimer zu der Erkenntnis, dass allein die Emanzipation des Menschen aus seinen versklavten Verhältnissen ein sinnvolles Ziel sein kann (vgl. ebd.: 58). Bisherige, traditionelle Theorie sei ebenso wie Gesellschaftstheorie immer auch mit politischem Interesse verbunden und zudem eher an einer Verschleierung als an der Kritik der gesellschaftlichen Verhältnisse interessiert gewesen.

Erkenntnistheorie als Kritik

Die Kritische Theorie richtet sich gegen ein solches Verschleiern oder Stützen der gegenwärtigen Gesellschaftsordnung, sie sieht allein in einer anderen Gesellschaft die Möglichkeit zur Emanzipation. Ausgehend von den persönlichen Verhältnissen richtet sie ihren theoretischen Fokus auf die Totalität und stellt dabei das Moment der Widersprüchlichkeit in den Vordergrund. Ähnlich wie Horkheimer 1936 formuliert Theodor W. Adorno knapp 30 Jahre später das Wissenschaftsverständnis der Kritischen Theorie. Er geht davon aus, dass eine wissenschaftliche Erklärung versagt, wenn die Gesellschaft selbst nicht einstimmig ist und sich nicht dem Kategoriensystem der Logik fügt (vgl. Adorno 2003: 548). Was Weber als erkenntnistheoretisches Problem der Werturteilsfreiheit darstellt, ist für Adorno eher ein praktisches Problem der Gesellschaft. Seine Kritik an der Werturteilsfreiheit zielt genau genommen in zwei Richtungen: auf die Erkenntnistheorie und auf den Umgang der Soziologie mit ihrem Gegenstand, der Gesellschaft. In Bezug auf die Werturteilsfreiheit glaubt Adorno, dass die Trennung von Objektivität und Wert von Weber zu einfach und zu starr gedacht wurde. Das Urteil über eine Sache sei, so Adorno (vgl. 2003: 561), immer auch von der Sache selbst vorgezeichnet und erfolge nicht, wie Weber glaube, in subjektiver Entscheidung. Wie Horkheimer argumentiert auch Adorno vor dem Hintergrund des Faschismus und einer gesellschaftlichen Entwicklung, die ihm in hohem Maße als kritikwürdig erscheint. Wissenschaftliches Bewusstsein, das sich wertfrei aufspiele, versäume die Sache daher ebenso wie eines, das sich auf mehr oder minder verordnete Werte berufe (vgl. ebd.). Was Adorno missfällt, ist vor allem die Perspektive, aus der die Wissenschaftstheorie argumentiert, sie sei »zu oft von oben her konzipiert« (ebd.: 554). Hingegen seien es ja gerade die Untersuchungsgegenstände, denen die Aufmerksamkeit zugewendet werden müsse. Die Kritik, den Gegenstand nicht ausreichend zu berücksichtigen, trifft Adorno zufolge auch auf die empirische Sozialforschung zu (vgl. dazu ausführlich Adorno 1952/2003: 478 ff.). Hier stünden in vielen Forschungen allein die Methoden im Fokus, nicht aber der Untersuchungsgegenstand (vgl. ebd.: 552). Letztlich sieht Adorno die Bedeutung und die Aufgabe der Soziologie in der Kritik, dies gelte nicht nur für die Gesellschaft, sondern auch für die Erkenntnistheorie. Gerade für die soziologische Erkenntnis, so wie sie von der Kritischen Theorie verstanden wird, ist Kritik zentral. Kritik ist bei Adorno mit einem Ziel verbunden, denn die »Gesellschaft, auf deren Erkenntnis Soziologe schließlich abzielt [...], kristallisiert sich überhaupt nur um eine Konzeption von richtiger Gesellschaft« (ebd.: 561). Mit dieser Position ist eine Wissenschaftslogik, die auf Rationalität aufbaut, nach wahrem Wissen sucht, nicht berührt. Eine auf der Kritischen Theorie aufbauende Sozialwissenschaft muss aber nach geeigneten Verfahrensweisen suchen, die dem Gegenstand und dem Ziel der Untersuchung gerecht werden.

Vernünftiges Leben

Kritische Theorie der Gesellschaft und Wissenschaftstheorie fallen bei Jürgen Habermas in eins. Die Auseinandersetzung mit einer *Logik der Sozialwissenschaften* wird auch von ihm fortgesetzt (vgl. Habermas 1973). Im 1968 erschienenen Werk »Erkenntnis und Interesse« positioniert Habermas sich, anders als in späteren Werken, noch eindeutig in der Tradition der Frankfurter Schule. In diesem Sinne wird, wie bei Horkheimer und Adorno, auch bei Habermas die Wissenschaft vom Sozialen als Kritik begriffen. Er reformuliert das Interesse der Kritischen Theorie ausgehend von menschlicher Arbeit und Interaktion und begreift Theorie als Instrument zur Gestaltung eines vernünftigen Lebens. Praxis und Theorie gehören in dieser Denktradition genauso wie Kritische Theorie und Erkenntnistheorie zusammen. Eine solche Perspektive ist bereits bei Horkheimer und Adorno angelegt, denn für sie ist die Fragestellung der Erkenntnistheorie ja gerade durch die Praxis der Wissenschaften selbst bestimmt. Die Kritische Theorie steht bei Habermas vor einer Erkenntnistheorie und erfolgt im Modus der Selbstreflexion. Eine solche Reflexion kann als Kritik bisheriger Wissenschaftstheorien, vor allem als Kritik des alten und neuen Positivismus, des Historismus und des Idealismus, aber auch als eine Kritik der formalen Logik der Mathematik durchgeführt werden. Damit verbunden ist auch die Kritik an einer zeitgenössischen Erkenntnistheorie, die immer mehr zu einer reinen Lehre von Methoden verkommt. Die Eigenständigkeit der Kritischen Theorie sieht Habermas durch die dialektische Denkweise gegeben, einer Methode, die nicht den abstrakten Regeln allgemeiner Methodologie folge (vgl. ebd.: 13). Das Webersche Postulat der Werturteilsfreiheit ist für Habermas wissenschaftstheoretisch eine Selbstverständlichkeit, kritisch sieht er hingegen dessen wissenschaftspolitische Absicht. Denn: Weber gebrauche das Postulat, »um die Sozialwissenschaften auf ein Erkenntnisinteresse einzuschränken, das sich bei der Erzeugung technisch verwertbaren Wissens bescheidet.« (Ebd.: 317) Damit wird deutlich: Beschreibendes und erklärendes Wissen reicht aus Perspektive der Kritischen Theorie nicht aus.

Insgesamt steht die Kritische Theorie dem Werturteilspostulat skeptisch gegenüber, ihre Skepsis betont sie zum einen in Bezug auf die allgemeine Wissenschaftstheorie, zum anderen in Bezug auf die Sozialwissenschaften und deren unkritische Ausrichtung. Damit zeigt sich, dass es wenig sinnvoll ist, den Werturteilsstreit allein auf die frühe Debatte zwischen der Nationalökonomie und den Sozialwissenschaften zu begrenzen, denn der Streit findet ein Echo in den Sozialwissenschaften, was heute noch anhält. Die Kritische Theorie ist innerhalb dieser Debatte ein prominentes Beispiel, in dem eine Gegenposition bezogen wird, aber auch damit ist die Frage nach der Notwendigkeit der Werturteilsfreiheit nicht abgeschlossen. Tatsächlich wird die Frage nach der Werturteilsfreiheit seither mehr oder minder intensiv verhandelt. Das liegt u. a. daran, dass die Ansprüche an die Sozialwissenschaften, ihr Selbstverständnis, ihre politische Bedeutung und ihre gesellschaftliche Stellung sich in einem dauerhaften Wandel befinden.

Der Streit um die Werturteilsfreiheit in den Sozialwissenschaften, so viel wurde bereits deutlich, ist ein Streit um deren Ausrichtung. Das Problem der Politisierung der Sozialwissenschaften, welches ja bereits für Weber Ausgangspunkt seiner Überlegungen war und mit der Forderung, Politik und Wissenschaft auf dem Katheder zu trennen, beantwortet wurde, ist nach wie vor präsent. Es lohnt ein kurzer Blick auf die Soziologie, um die Aktualität und die Tragweite des Werturteilsproblems zu verstehen. Während in der Soziologie zu Beginn, z. B. bei Auguste Comte, ein spekulatives philosophisches System mit der Idee der Steuerung der Gesellschaft in Verbindung gebracht wurde, gewann in der europäischen Entwicklung des Fachs häufiger die Idee der Sozialtechnologie, der Vorstellung also, soziologische Forschungsergebnisse mehr oder minder direkt in politische Steuerung zu überführen, an Interesse. Wissenschaftliche Forschung und politischer Wille gingen hier zusammen.

Aktualität

Der amerikanische Soziologe Jonathan Turner schildert einen weiteren, aktuellen Konflikt, der das Potential hat, das Fach Soziologie zu spalten. Stärker noch als in Europa ist die amerikanische Soziologie seit ihrem Beginn von verschiedenen Vorstellungen über die fachliche Ausrichtung geprägt. Etwas vereinfacht gesagt, erkennt man recht früh ein bipolares Feld, auf dessen einer Seite sich die Idee der Soziologie als »activist discipline« (Turner 2019: 465) befindet, auf dessen anderer Seite die Vorstellung betont wird, dass Soziologie am besten als strenge Wissenschaft (»scientific sociology« ebd.: 466) zu verstehen sei. Beide Interpretationen prägen die Entwicklung des Fachs in den USA und sind verbunden mit der Frage, was die Soziologie leisten kann und soll. Bezogen auf das Problem der Werturteilsfreiheit ist die von Aktivisten und sozialen Bewegungen getragene Soziologie zuvorderst an der Lösung konkreter gesellschaftlicher Probleme wie zum Beispiel der sozialen Reform oder der politischen Partizipation orientiert. Ihr wissenschaftliches Interesse ist daher von konkreter, meist politischer Natur und zielt in diesem Sinne auf die Forcierung des gesellschaftlichen Wandels in eine zuvor festgelegte Richtung. Damit wird die Wissenschaft zum Vehikel politischer Interessen. Dennoch verdankt die amerikanische Soziologie politischen und sozialen Bewegungen im letzten Drittel des 19. Jahrhunderts einen Professionalisierungsschub an Universitäten und in Fachverbänden.

Hingegen setzte sich die Vorstellung einer Soziologie als reiner Wissenschaft erst allmählich durch und erlebte Turner zufolge (vgl. ebd.: 474) in der Nachkriegszeit eine größere Verbreitung und Akzeptanz. Gleichzeitig pluralisierte und differenzierte sich das Feld und das Wissen der Soziologie. »Scientific Sociology« verfolgt eine, mit Weber gesprochen, werturteilsfreie Soziologie, die nicht an besondere politische oder gesellschaftliche Interessen gebunden, sondern allein an wissenschaftlichen Zielen und Interessen orientiert ist, womit die politische Beratung selbstverständlich nicht ausgeschlossen ist. Entscheidend ist hierbei eine wissenschaftliche Motivation, die der o. g. politischen Motivation entgegensteht. Der Motivation folgt eine je unterschiedliche Logik des Wissenschaftsverständnisses. Auf der einen Seite sind dies eine Begrenzung des Forschungsinteresses sowie eine Ideologisierung der Wissensproduktion vor dem Hintergrund der politischen Ziele. Auf der anderen Seite steht das Bemühen, soziale Probleme umfassend und aus verschiedenen Perspektiven zu erklären, ohne diese als alleinigen Gegenstand des Fachs zu begreifen.

»scholar-activism«

In der Gegenwart sieht Turner die amerikanische Soziologie zunehmend aktivistisch werden (vgl. ebd.: 475). Er beschreibt eine Macht des Moralischen, die von sozialen Bewegungen in die Wissenschaft hineingetragen wird und die dadurch die wissenschaftlich orientierte, wertneutrale Soziologie zurückdrängt. Diesen Prozess kann man oberflächlich als Streit um die Attraktivität des Fachs verstehen, bei einem tieferen Blick ist eine Verschiebung der »culture wars« ins wissenschaftliche Feld offensichtlich. Unter den Stichworten »scholar-actvism«, »activististic sociology« und »practical sociology« finden sich zahlreiche Beispiele für diesen Konflikt, der im Kern ein Streit um die Werturteilsfreiheit und um die Politisierung der Universität ist. Es bedarf allein einer regelmäßigen Zeitungslektüre, um Anzeichen für einen »scholar-activism« auch in Deutschland zu erkennen.

6. Streit um den Positivismus

Keywords: Älterer und neuerer Positivismus – Kritischer Rationalismus – Frankfurter Schule – Norbert Elias und Karl Popper – Erziehungswissenschaften – methodologischer Positivismus in den USA

Wie der Streit um die Werturteilsfreiheit ist auch der *Positivismusstreit* ein Konflikt um die Ausrichtung der Sozialwissenschaften. Tatsächlich sind beide miteinander verwandt, denn die Frage, ob Werturteile erlaubt sind oder nicht, spielt auch in der Diskussion um den Positivismus eine Rolle. Dennoch treffen hier in erster Linie zwei unterschiedliche Vorstellungen aufeinander, wie die Sozialwissenschaften arbeiten sollen und was ihre Ziele sind. Die Konfliktlinien, die den Streit flankieren, bestehen fast seit dem Beginn der Sozialwissenschaften – erinnert sei hier an Comte – und sind bis heute präsent. Wie häufig bei akademischen Kontroversen lieferte der Streit kein eindeutiges Ergebnis – eine stillschweigende Einigung beider Parteien, sich nach dessen Ende gegenseitig zu ignorieren, ist noch die deutlichste Konsequenz. Dennoch ist es hilfreich zu verstehen, warum und um was gestritten wurde. Im Verlauf der Darstellung wird sich zeigen, dass die widerstreitenden Positionen auch heute noch von Bedeutung sind, u. a. weil sie auf offene Baustellen verweisen. Ursachen dafür sind aber nicht nur darin zu finden, dass die Sozialwissenschaften nach wie vor in einem Zustand der Multipara- Positivismusstreit digmatik existieren, hinter den sie vermutlich auch in absehbarer Zeit nicht zurückfallen können. Dennoch ist der Positivismusstreit nicht als Zeichen der Unreife der sozialwissenschaftlichen Fächer oder als Ausdruck einer Krise zu werten. Im Gegenteil, der Konflikt führte zumindest zeitweise zu einer Belebung der Debattenkultur und bietet sich bereits mit der Rekonstruktion der Grundzüge als ein Studien- und Lernobjekt zur Wissenschaftstheorie an.

Die nachfolgenden Ausführungen schließen an das dritte Kapitel an, in dem die Ursprünge der Sozialwissenschaften behandelt wurden. Mit Blick auf den Positivismusstreit in der deutschen Soziologie, der seinen Anfang im Oktober des Jahres 1961 in Tübingen nimmt, scheint es allerdings wenig sinnvoll, verschiedene Spielarten des Positivismus über einen Kamm zu scheren. Zwar blieben – wie oben aufgezeigt – einige Kernelemente gleich, doch erweist sich die Idee des Positivismus als wandelbar. Es ist daher sinnvoll, zunächst eine grobe Unterscheidung vorzunehmen, sie kann aber nicht mehr als grob oder vorläufig sein. Ein Teil der Debatte bestand darin, den Kritikern des Positivismus eine veraltete Vorstellung und eine selektive Lektüre vorzuwerfen, die gerade die Ausdifferenzierungen und Feinheiten der Entwicklung bis in die 1960er Jahre unterschlage. Die Unterscheidung betrifft daher zunächst den älteren und den neuen Positivismus sowie den Kritischen Rationalismus.

Älterer und Neuerer Positivismus

Der *ältere Positivismus* geht, wie oben bereits angemerkt, auf Auguste Comte zurück. Auch wenn er nicht dessen Erfinder ist, ist sein Name fest mit dem Positivismus verknüpft. Comtes Ziel war die Überwindung von Theologie und Metaphysik mittels einer neuen wissenschaftlichen Weltanschauung. Er griff mit den sogenannten »positiven« Wissenschaften den Geist und den Aufschwung der Aufklärung auf, sodass er von einer Steuerbarkeit der gesellschaftlichen Entwicklung ausging. Dies sollte mit der Entdeckung von sozialen Gesetzen, analog zu den universellen Gesetzen der Naturwissenschaften gelingen. Eine ähnliche Denkweise in Bezug auf die Entwicklung der Gesellschaft findet man bei Spencer. Spencers evolutionärer Positivismus hatte großen Einfluss auf die Soziologie, aber z. B. auch auf die moderne amerikanische Philosophie, die sich teilweise von seinem Denken abgrenzte, sich gleichzeitig aber auch die Idee der Evolution aneignete und weiter entwickelte. Die Merkmale des frühen Positivismus sind ein Vertrauen in die Wissenschaft und damit verbunden ein unbeirrbarer Glaube an den Fortschritt (vgl. Blühdorn/Ritter 1971). Methodisch zielte er, noch wenig differenziert, auf die Ableitung von theoretischen Prinzipien aus den Naturwissenschaften sowie auf die Generalisierung von empirischen Erkenntnissen ab.

Der *neuere Positivismus*, wie oben am Beispiel des Wiener Kreises aufgezeigt, versteht sich sowohl als empirische Philosophie wie auch als allgemeine Wissenschaftslehre, die ihren Ausgangspunkt ebenfalls in den Naturwissenschaften hat. Die Stichworte, die ihre Position markieren, sind Empirie, Rationalität und Logik. Besondere Bedeutung nimmt hier die systematische Überprüfung der Forschungsergebnisse ein. Auf Grundlage von Protokollsätzen, die präzise einen beobachtenden Sachverhalt festhalten, sollen logische Schlüsse gezogen werden. Mit diesem sogenannten »logischen Schließen« soll eine begriffliche Schärfung einhergehen, sodass wissenschaftlich unklare oder nicht eindeutige Begriffe ausgesondert werden können. Der Anspruch, der vom Neopositivismus an die Sozialwissenschaften herangetragen wird, ist dementsprechend überwiegend sprachlich-logischer Art. Ebenso wie der ältere Positivismus zielt auch der Neopositivismus auf Gesetze, die allein auf Fakten basieren und zur Beschreibung einer Ordnung, aber auch zur Vorhersage dienen sollen. Gesetze beruhen in diesem Verständnis auf logischem Zwang.

Kritischer Rationalismus

Davon zu unterscheiden ist der *Kritische Rationalismus*. Er ist einer der Hauptakteure im Streit um den Positivismus. Auch wenn der Kritische Rationalismus häufig mit Positivismus gleichgesetzt wird, betont sein Hauptvertreter – der oben schon mehrfach genannte Karl Popper – dessen Eigenständigkeit. Diese Eigenständigkeit gilt es näher zu bestimmen, da sie bisher noch nicht Thema war. Popper erkennt den Ursprung des Rationalismus in der griechischen Philosophie, die ihm zugrundeliegende Idee der kritischen Prüfung von Wissen durch die scientific community wurde allerdings erst wieder in der Renaissance aufgegriffen. Für Popper ist eine solche kritische Diskussion die einzige praktische Methode, ein Vermutungs- oder Hypothesenwissen zu erweitern (vgl. Popper 1995: 9). Damit ist gemeint, dass das rationale Element wissenschaftlichen Vorgehens zuvorderst in der Prüfung und Kritik von Hypothesen und Theorien liegt. Tatsächlich räumt Popper Theorien Primat ein, dabei ist es egal, ob es sich um alltägliche oder wissenschaftliche Theorien handelt. Wissen über die Welt ist ihm zufolge nur über die kritische Prüfung, und das meint entweder die *Verifikation* (Belegung) oder die *Falsifikation* (Widerlegung) von Theorien, möglich. Ein *induktives Erkenntnisverfahren*, bei dem von einem einzelnen Fall auf ein diesem zugrundeliegendes allgemeines Gesetz geschlossen wird, ist Popper zufolge unmöglich. Die Verifikation einer Theorie oder einer Aussage ist immer nur vorläufig, denn es kann nicht ausgeschlossen werden, dass eine Falsifikation zu einem späteren Zeitpunkt erfolgt. Hingegen ist die Falsifikation endgültig. Popper bemüht zur Erklärung ein Beispiel, welches auch schon dem Philosophen *John Stuart Mill* (1806–1873) zur Begründung des Falisifikationismus diente: der Fall des schwarzen Schwans. Wenn man bisher nur weiße Schwäne gesehen habe, dann sei der Schluss, dass es nur weiße Schwäne gibt, unzulässig. Die Annahme, dass alle Schwäne weiß sind, gilt nur bis zu dem Zeitpunkt, zu dem ein schwarzer Schwan auftaucht.

Deduktion

Das induktive Verfahren ist aber für die Sozialwissenschaften nicht nutzlos. Mithilfe von Induktion kann nämlich etwas über die Ausprägung von Merkmalen herausgefunden werden. Dabei geht es dann nicht um Gesetze, sondern um die Frage der Verteilung von Merkmalen, Eigenschaften oder Einstellungen, die auf Grundlage von repräsentativen Stichproben ermittelt werden können. Sozusagen umgekehrt zur Induktion verfährt die *Deduktion*, ein Verfahren, bei dem die Ableitung des Besonderen aus dem Allgemeinen erfolgt. Dieses Verfahren entspricht der von Popper vorgeschlagenen Vorgehensweise, allgemeine Theorien am konkreten Einzelfall zu überprüfen. Um ein vereinfachtes Beispiel zu geben: Als allgemeine Theorie oder Annahme könnte die zunehmende Rationalisierung der modernen Gesellschaft formuliert werden, die sich am deutlichsten in der Herausbildung einer kapitalistischen Wirtschaftsform, aber auch in anderen Bereichen der Gesellschaft ablesen lässt. Ein deduktives Verfahren kann nun Formen der Rationalisierung nicht nur in der Lebensführung, sondern auch im Handeln selbst offenlegen.

Hermeneutik

Popper unterscheidet die Erklärungsprinzipien von Natur- und Sozialwissenschaften. So müsse zum Beispiel Gesellschaftstheorie immer von einer typischen Situation ausgehen und für weitere Erklärungen Modelle konstruieren (vgl. Popper 1995: 350). Modelle, so der Verfasser weiter, seien aber keine universellen Prinzipien, sondern allein ein notwendiges Hilfsmittel. Die vom Kritischen Rationalismus getragene Idee der kritischen Vernunft, so Hans Albert – neben Popper der wichtigste Vertreter dieser Strömung – habe ein Interesse an der Wahrheit (Albert 1971: 15). Die Suche nach Wahrheit stellt sich ihm aber nicht als einfacher und linearer Prozess, sondern setzt die

Fehlbarkeit des Denkens genauso voraus, wie das Vorhandensein von Nichtwissen. Der Kritische Rationalismus sieht sich selbst mit seiner wissenschaftlichen Auffassung in Konkurrenz zu Ideologien, die z. T. auch in Institutionen verankert sind. Merkmal solcher Ideologien seien Versuche, geistige und soziale Tatbestände zu legitimieren, aber auch die Rechtfertigung von Glaubenssätzen, Handlungsformen und sozialen Ordnungen (vgl. ebd.: 16). Ein Bemühen um Rechtfertigung steht hier dem Anspruch der kritischen Prüfung entgegen. Eine solche Prüfung bzw. kritische Diskussion ist nicht nur auf den Bereich der Wissenschaften begrenzt, sondern soll für alle sozialen Bereiche möglich sein. Mit dieser Programmatik wendet sich der Kritische Rationalismus nicht nur gegen Ideologien, sondern auch bewusst gegen andere wissenschaftstheoretische Auffassungen in den Sozialwissenschaften. Seine Kritik bezieht sich auf die Hermeneutik, jene maßgeblich vom Philosophen *Hans-Georg Gadamer* (1900–2002) entwickelte Methode des Verstehens von Texten, die auch bald in den Sozialwissenschaften Interesse hervorruft. Sie richtet sich aber auch gegen den Marxismus und Formen der Dialektik, wie sie im Anschluss an Hegel praktiziert werden, sowie gegen einen logischen Empirismus, der vor allem den Geltungsanspruch naturwissenschaftlicher Verfahren und Methoden durchsetzen will. Politisch gewendet ist der Kritische Rationalismus von Popper und Albert in einer Tradition des liberalen Denkens zu verorten, die vor allem Referenzen auf Kant, aber auch auf Weber als politischen Denker macht. Damit einher geht ein Anspruch auf pragmatische Reform bzw. auf Realisierbarkeit, der sich auch in der wissenschaftstheoretischen Idee der Voraussage niederschlägt.

Im sogenannten Positivismusstreit bezieht neben Vertretern des *Kritischen Rationalismus* die *Kritische Theorie* um Theodor W. Adorno und Jürgen Habermas Position. Auch wenn beide Strömungen sich das Wort »kritisch« bereits in ihrem Namen zu eigen machen, ist damit doch jeweils etwas anderes gemeint. Während das Kritische im Kritischen Rationalismus sich allein auf die Methodologie und die Überprüfung von Theorien und Annahmen bezieht, ist das Kritische der Kritischen Theorie auf die Gesellschaft bzw. die Totalität gerichtet.

Der Streit über den Positivismus vollzog sich in zwei Etappen und wurde später auf Nebenschauplätzen fortgeführt. In der ersten Etappe, im Jahr 1961, legten Popper und Adorno ihre jeweiligen Standpunkte dar. In der zweiten Etappe wurde der Streit von einer jüngeren Generation fortgeführt. Jürgen Habermas formulierte 1963 einen Nachtrag zur Debatte, der im Jahr darauf eine Erwiderung von Hans Albert erfuhr. Damit könnte man den Streit ad acta legen, doch tatsächlich gewann und gewinnt der Positivismus immer wieder an Attraktivität, auch in jüngster Zeit. Zunächst wird daher in gestraffter Form der eigentliche Positivismusstreit referiert. Im Anschluss daran soll exemplarisch auf einen weiteren Disput eingegangen werden. Dieses Kapitel wird mit einem kurzen Blick auf die gegenwärtige Stellung des Positivismus in den USA beendet.

Kritik des Positivismus

Die Konturen des Streits werden deutlicher, wenn man sich exemplarisch einige wissenschaftstheoretische Annahmen der Frankfurter Schule vor Augen hält, die den oben dargestellten Äußerungen des Kritischen Rationalismus entgegenstehen. So ging Theodor W. Adorno davon aus, dass das Kategoriensystem diskursiver Logik für die Gesellschaftsanalyse nicht geeignet sei. In der Tübinger Diskussion von 1961 hielt er fest, dass eine logische Erklärung da versage, wo die Gesellschaft selbst nicht einstimmig sei (vgl. Adorno 2003: 548).

Adorno forderte die Einsicht in das Ganze, in die Totalität, auch wenn diese widersprüchlich sei. Diese Widersprüchlichkeit zwingt nach Adornos Vorstellung dazu, dem Gegenstand und nicht der Methode Primat zuzusprechen. Philosophische Erkenntnistheorie sei in diesem Sinne zu häufig von oben her konzipiert (vgl. ebd.: 554). Die zentrale Stellung der Kritik in der Kritischen Theorie wurde programmatisch bereits von Max Horkheimer in seinem einschlägigen Aufsatz »Traditionelle und kritische Theorie« aus dem Jahr 1937 dargelegt (vgl. Horkheimer 1970). Adorno konkretisierte noch einmal, was damit gemeint ist. In der soziologischen Erkenntnis nehme demzufolge Kritik eine zentrale Stellung ein, Kritik sei hier – Adornos Argumentation folgend (vgl. Adorno a. a. O.: 557) – auf den Gegenstand gerichtet und nicht allein eine formale Kritik der Verfahren, Methoden und Logik. Gerade die materielle – also auf den Gegenstand bezogene – kritische Gesellschaftstheorie hebe die permanente Selbstkritik soziologischer Erkenntnis in eine andere Dimension (vgl. ebd.: 558). Die Emphase Adornos für die Notwendigkeit einer Gesellschaftskritik wird nur verständlich, wenn man berücksichtigt, dass die Kritische Theorie einem Antrieb folgt, der nie klar ausformuliert wurde und der gewissermaßen außerhalb der Theorie liegt. Das ist die Idee einer »richtigen Gesellschaft« oder einer »vernünftigen Wirklichkeit« (Herbert Marcuse). Adorno nimmt darauf Bezug, wenn er schreibt: »Der Verzicht der Soziologie auf kritische Theorie der Gesellschaft ist resignativ; man wagt das Ganze nicht mehr zu denken, weil man daran verzweifeln muß, es zu verändern.« (Ebd.: 565) Die Notwendigkeit zur Veränderung speist sich aus dem Ideal, das der Theorie zugrunde liegt. Mit diesem Befund wird ein Anschluss an die obige Diskussion um die Werturteilsfreiheit offensichtlich, denn die Kritische Theorie argumentiert vor dem Hintergrund einer von ihr selbst auch begründeten normativen Orientierung.

In eine ähnliche Richtung gingen die Ausführungen von Jürgen Habermas, der ebenfalls die Totalität in einem dialektischen Verständnis hervorhob. Dieser Begriff sei deutlich von analytisch-empirischen Begriffen wie z. B. dem des Systems zu unterscheiden (vgl. Habermas 1972: 156). Habermas wendete den Streit zu einer Diskussion um die Angemessenheit von theoretischen Kategorien. Er kritisierte in diesem Zusammenhang, dass nicht alle Theoreme sich in die Sprache eines deduktiv-hypothetischen Zusammenhangs übersetzen ließen, am wenigsten gelte dies für die zentralen Theoreme der kritischen Theorie (vgl. ebd.: 160). Gegen die restriktive Verwendung eines von den Naturwissenschaften entlehnten Gesetzesbegriffs, gegen die kontrollierte Beobachtung, aber auch gegen die Idee, mithilfe einer Sozialtechnik die Geschicke der Menschen zu leiten, bringt er andere, für die kritische Theorie relevante Forschungsperspektiven in Stellung. So sei z. B. gerade die Frage der Lebenspraxis, in der zudem subjektive Erfahrungen aufgehoben seien, von großer Bedeutung. Diese Perspektive drohe aus dem Horizont der Wissenschaft zu verschwinden (vgl. ebd.: 171). Die Gesellschaft besitze im Gegensatz zu anderen Konzepten wie dem oben genannten System eine Geschichte, deren Entwicklung nachgezeichnet werden könne. Lebenspraxis

Der schon erwähnte Kölner Soziologe und Philosoph Hans Albert erkennt in den Darstellungen von Habermas vor allem eine »Rechtfertigung praktischen Handelns« (Albert 1972: 220) sowie ein »Denken in der fatalen Erbschaft Hegels« (ebd.: 339). In seinem Nachwort zum Sammelband, in dem die jeweiligen Standpunkte verschriftlicht wurden, zeigt er sich verwundert und sieht in den Darstellungen der Frankfurter Schule eher die Vereinnahmung einer Bühne, die ihnen geboten wurde. Gleichzeitig würden vor allem Missverständnisse reproduziert und einfache Unterscheidungen wie die von Positivismus und Rationalismus nicht getroffen. Letztlich sei – so Albert – hier vor allem Polemik gegen die Neutralität des Kritischen Rationalismus am Werk, die Frankfurter Schule liefere letztlich eine »Dialektik mit der Tendenz zum Irrationalen« (ebd.: 339).

Es ist nicht nötig, tiefer in die Ausführungen der Akteure einzusteigen, bereits jetzt wird deutlich, dass die Beteiligten teils mehr, teils weniger aneinander vorbeireden. Der zu Beginn der 1960er Jahre in Tübingen tätige Soziologe Ralf Dahrendorf, unparteiischer Beobachter des Streits, zeigt sich in seinem Kommentar zur Kontroverse eher ernüchtert. Der Anspruch – so Dahrendorf (vgl. Dahrendorf 1972: 145) –, die wissenschaftlichen Grundlagen der jeweiligen Positionen aufzuzeigen, Differenzen sichtbar und für die Forschung nutzbar zu machen, sei kaum erfüllt worden. Hingegen seien fundamentale Unterschiede in Bezug auf die Erkenntnishoffnung und die Erkenntnisansprüche zutage getreten (vgl. ebd.: 147). Immerhin ist es dem Frankfurter Soziologen Jürgen Ritsert gelungen, nachträglich ein wenig Ordnung in die Debatte zu bringen, indem er die wenigen Gemeinsamkeiten und die zahlreichen Differenzen ausführlich beschreibt (vgl. Ritsert 2010). In der Bewertung des Positivismusstreits schwankt auch er zwischen der Einschätzung als einer »bloßen Episode in der Geschichte der deutschen Soziologie« (ebd.: 128) und der Diskussion von Themen, die für spätere Kontroversen von Bedeutung waren (vgl. ebd.). Zutreffend scheint jedenfalls, dass die Wirkung des Streits auf die Entwicklung des Fachs eher gering ist und dass sich die Methodologie der Sozialwissenschaften ebenfalls relativ unbeeindruckt von der Debatte zeigt. Damit sind das Problem und die Frage nach dem Positivismus aber nicht aus der Welt.

Erkenntnisinteressen

Was aber ist nun der Erkenntniswert des Positivismusstreits in Bezug auf die Frage nach der Methodologie? – Die Beziehung von Dialektik (Kritische Theorie) und Analytik (Kritischer Rationalismus) ist kompliziert, eine Bestimmung ihres Verhältnisses ist nach dem Streit nicht einfacher geworden. Wie oben dargestellt, prallen verschiedene, wenn nicht gar gegensätzliche Vorstellungen von Objektivität und Rationalität aufeinander. Unterschiedlich ist auch der jeweilige Anspruch an Kritik sowie das Erkenntnisinteresse. Die Arbeitsweise folgt aufseiten der Kritischen Theorie der Dialektik und ist historisch-hermeneutisch, aufseiten des Kritischen Rationalismus hingegen rational-logisch mit dem Ziel, Hypothesen zu verifizieren und zu falsifizieren. Es ist darüber hinaus auch nicht abwegig, den Streit um den Positivismus als einen Streit um die politische Ausrichtung der Sozialwissenschaften zu sehen. Die Frage, ob z. B. die Soziologie eine konservative oder eine kommunistisch-sozialistische Erfindung ist, ist durchaus reizvoll und je nach landesspezifischer Wissenschaftstradition anders zu beantworten. In Bezug auf die Wissenschaftstheorie wird aber gerade mit dem Positivismusstreit deutlich, dass in die Methodologie immer auch politische und moralische Aspekte einfließen können. Mehr noch: Eine politisch und moralisch wertneutrale Methodologie scheint ein Ding der Unmöglichkeit. Selbst die sogenannten Protokoll- oder Basissätze des Neopositivismus, in denen Beobachtungen der Realität aufgenommen werden sollen, sind von einer bestimmten Perspektive auf das zu Beobachtende geprägt.

Auffallend ist auch, dass im Positivismusstreit in gewisser Hinsicht eine Geisterdebatte geführt wird. Positivismus steht als Vorwurf im Raum, doch der Kritische Rationalismus streitet ab, Teil dieser Schule zu sein, und verweist auf seine eigenen Abgrenzungsbemühungen. Es kann und soll hier nicht darüber entschieden werden, welche Position überzeugender ist, auffallend ist aber, dass der Kritische Rationalismus mit Einschränkungen dem Vorhandensein von »analytische[n] Sozialwissenschaften mit einseitig technischem Erkenntnisinteresse« (Albert 1972: 201), also dem, was von der Kritischen Theorie als Positivismus bezeichnet wurde, zustimmt. Dies führt bei intensiverer Beschäftigung mit der Debatte zu dem Eindruck, dass die Protagonisten des Positivismus eventuell woanders zu suchen sind. Es bleiben offene Fragen.

»Fortführung« des Streits

Über diese Kerndebatte zu Beginn der 1960er Jahre hinaus hat sich die Frage nach dem Positivismus auf Nebenschauplätze verlagert. Aus Perspektive der Wissenschaftstheorie fällt vor allem eine »Fortführung« des Streits zwischen dem Kritischen Rationalismus in Persona von Karl Popper und Hans Albert mit dem Soziologen Norbert Elias ins Auge. Allerdings ist die Rede von einer »Fortführung« hier nicht ganz zutreffend, denn geführt wird ein Schlagabtausch um die »richtige« wissenschaftstheoretische Ausrichtung der Sozialwissenschaften, der Terminus des Positivismus kommt in diesem Streit, der in einer Abfolge von Artikeln in der »Zeitschrift für Soziologie« im Jahre 1985 abgedruckt wurde, tatsächlich nur am Rande vor. Mehrere Probleme, die bereits im Positivismusstreit aufgeworfen wurden, erfahren aber auch hier Beachtung. So z. B. die Frage nach dem Vorrang der Methode und der Logik oder aber auch die Kritik an der Übernahme von naturwissenschaftlichen Konzepten in die Sozialwissenschaften. Es ist hilfreich, zumindest in Kürze auf diese Debatte einzugehen.

Norbert Elias (1897–1990) war kein Vertreter der Frankfurter Schule, sondern Wegbereiter einer eigenständigen historisch-soziologischen *Prozess- und Zivilisationstheorie*. Ausgangspunkt seiner Kommentare[8] ist Poppers »Logik der Forschung«, ein Buch welches erstmals 1935 veröffentlicht wurde und im Jahr 1959 auf Englisch erschien. Elias hatte 1970 ein Buch mit dem Titel »Was ist Soziologie?« veröffentlicht, eine Einführung in sein Denken, in der auch umfassende wissenschaftstheoretische Überlegungen aufgehoben sind. Was Elias an Poppers »Logik der Forschung« störte, war dessen dort implizit, an anderer Stelle explizit formulierter Anspruch, ein allgemeines, also für alle Wissenschaften geltendes Konzept vorgelegt zu haben. In seiner »Logik der Forschung« stellt Popper Anforderungen, wie Wissenschaften nach Regeln der Logik verfahren sollen. Dazu gehört das u. a. zuvor schon dargestellte Prinzip der Deduktion mit einer Hypothese oder einem Axiom, also einem als wahr angenommenen Grundsatz, als Ausgangspunkt. Popper formuliert hier sozusagen eine Idealvorstellung der Wissenschaft, die sich an den Arbeitsweisen der Physik und Mathematik orientiert. Genau an dieser Orientierung stört sich Elias. Er unterscheidet daraufhin eingleisige von zweigleisigen Wissenschaften, was die ursprüngliche Trennung Natur- und Sozialwissenschaften präzisieren soll. Eingleisige Wissenschaften haben demnach keinen Gegenstand außerhalb ihrer selbst, sie beschäftigen sich mit reinen Beziehungen, unabhängig von Orten (vgl. Elias 1985: 96). Eine solche reine »Beziehungswissenschaft« habe eine Verwandtschaft mit Spielen (vgl. ebd.). Zweigleisige Wissenschaften werden von Elias deshalb so bezeichnet, weil sie auf zwei Ebenen arbeiten, auf einer theoretischen und auf einer empirischen. Für die Sozialwissenschaften, die zu den zweigleisigen Wissenschaften gehören, sieht Elias Probleme, die von Popper herausgearbeiteten Ansprüche umzusetzen. Empirie und Theorie lassen sich hier nicht genau voneinander trennen, der Anspruch des Vorrangs von Deduktion und Theorie ist demnach für die Sozialwissenschaften zu hinterfragen. Für Elias manifestiert sich mit Poppers Logik der Forschung der Unterschied zwischen einer »Philosophie der Wissenschaften«, in der allein deren Ideal skizziert wird, und einer »Wissenschaft der Wissenschaften«, welche die Praxis der Wissenschaften selbst untersucht (vgl. ebd.: 98). Er spitzt den Vorwurf an Popper mit dem Verweis auf eine »metaphysische Wissenschaftstheorie« (ebd.: 99) zu, die sich von der realen Praxis (der Sozialwissenschaften) zu weit entfernt habe. Im Gegensatz zu Poppers Ideal existieren für Elias Wissenschaften nur im Plural und sie sind zuvorderst als soziale Gegebenheiten zu begreifen. Mit dieser wissenssoziologischen Annahme, die Wissenschaften in ihrem gesellschaftlichen Zusammenhang und als Praxis innerhalb einer Gemeinschaft versteht, wird es schwer möglich, einen Nullpunkt der Beobachtung zu setzen. Elias versteht die sozialwissenschaftliche Praxis immer als ein »Fortsetzen«, das auf der Arbeit von anderen beruht und als langfristiger Prozess angelegt ist.

Für seine Kritik erhält Elias zwar Unterstützung vonseiten des Marxismus, der Kritische Rationalismus reagiert aber mit Unverständnis. Albert zog einen Vergleich mit dem Positivismusstreit und erkannte bei Elias ähnliche Missverständnisse und Unzulänglichkeiten, die nunmehr aber nicht zum Vorwurf des Positivismus, sondern zu dem der Metaphysik führen. Allerdings basiere Elias' Methode, so Albert, auf einer unzureichenden Tatsachengrundlage (vgl. Albert 1985: 265) und sei vor allem mit Spekulationen und Fehldeutungen gespickt. So sei z. B. die Popper zugeschriebene Annahme eines einzelnen Individuums als Erkenntnissubjekt allein eine Eliassche Konstruktion. Die These, dass soziale Aspekte sich wie Fremdkörper zur Popperschen Theorie verhalten, entbehre daher jeder Grundlage (vgl. ebd.: 266). Elias biete letztlich keine Lösungsvorschläge für methodologische Probleme und sei »nicht einmal zu einem Verständnis vorgedrungen, von dem aus er die Vorschläge Poppers zur Lösung der betreffenden Probleme hätte beurteilen können« (ebd.: 267). Damit verläuft auch dieser Streit zwischen analytischer Philosophie und Soziologie um die Methodologie der Sozialwissenschaften ohne substantielle Diskussion. Folgerichtig schlägt Elias in seinem abschließenden Kommentar zu Albert vor, sich darauf zu einigen, dass man sich nicht einig sei (vgl. Elias 1985a: 268).

Positivismus in der Erziehungswissenschaft

Der Positivismusstreit war nicht nur auf die Soziologie und Philosophie beschränkt, sondern wurde auch in anderen Sozialwissenschaften geführt. Das hat einen einfachen Grund: die zunehmende gesellschaftliche Relevanz der Naturwissenschaften. Mit dem gesellschaftlichen Aufstieg dieser Wissenschaften, dem einhergehenden Versprechen, auf Grundlage von Fakten und nach strengen und kontrollierbaren Regeln wissenschaftlich relevante und reproduzierbare Ergebnisse zu liefern, war und ist sie für viele gesellschaftliche Bereiche attraktiv. Zu denken ist hier an die bereits oben kurz erwähnte Idee der Sozialtechnologie bzw. des »social engineering«, nach dessen Vorstellung sich sozialwissenschaftliches Wissen zur Steuerung der gesellschaftlichen Entwicklung nutzbar machen lässt. Eine praktische Wendung sozialtechnologischer Ideen in Bezug auf Fragen der Erziehung und Bildung findet sich in einer positivistischen bzw. am Positivismus orientierten Erziehungswissenschaft. In diesem Sinne werden Erziehung und Bildung als Technologieproblem verstanden, dessen Lösung wiederum durch den Einsatz von Technologien erreicht werden soll. Ansätze zur Vertiefung des Themas können hier an Begriffen festgemacht werden, die bereits sprachlich auf ihre Herkunft aus dem Bereich der Technik verweisen. Aber nicht nur Begriffe wie »Leistungskontrollen« und »neue Steuerung«, die seit Anfang der 1990er Jahre in der Pädagogik Einzug gehalten haben, sind mit einer positivistischen Erziehungswissenschaft verknüpft. Gegenwärtig steht z. B. eine »evidenzbasierte Pädagogik« in der kritischen Diskussion. Neben dem Versuch der Optimierung von pädagogischen Abläufen präferiert diese Strömung eine bestimmte, an den Naturwissenschaften orientierte methodische Vorgehensweise.

Blickt man noch einmal auf die Ausgangsposition des Positivismusstreits in den 1960er Jahren zurück, dann fällt auf, dass nicht nur die Wissenschaft selbst, sondern auch die Bildungslandschaft von Schulen und Hochschulen einer gesellschaftlichen Kritik ausgesetzt war. Richtig ist aber auch, dass sich seitdem eine Entwicklung innerhalb der Erziehungswissenschaften vollzogen hat, wie sie z. B. von Feltes (vgl. Feltes 2009: 334) geschildert wurde. Angestoßen durch Kybernetik und Systemtheorie, entwickelte sich hier eine immer stärkere Hinwendung zu einer positivistisch-empirischen Forschung, die sich mit einem sozialen Pragmatismus verband und einhergehend kritische und emanzipatorische Ansätze zurückdrängte.

Der Positivismus, der mit Auguste Comte in Frankreich seinen Anfang nimmt und in Europa schnell Verbreitung und zahlreiche Anhänger findet, hat zweifellos einen großen Einfluss auf die Entwicklung der Sozialwissenschaften. Einfluss bedeutet aber nicht allein Akzeptanz und Adaption, sondern auch kritische Auseinandersetzung und Abgrenzung. Wie im dritten Kapitel gezeigt, steht der Positivismus bereits zu Beginn der Sozialwissenschaften im Spannungsverhältnis zu anderen Strömungen wie dem Marxismus oder dem Historismus. Wie er im gegenwärtigen Feld sozialwissenschaftlicher Ansätze einzuordnen ist, wird im übernächsten Kapitel dargestellt. Dass der Positivismus zeitweilig, wie z. B. in den USA, zur dominanten Strömung aufsteigt, kann vor diesem Hintergrund zwar – mit Einschränkungen – als Siegeszug begriffen werden, keinesfalls aber als ein Beweis für dessen theoretische und methodologische Überlegenheit. Die Kritik am Positivismus hält seit seinem Beginn an und in einem multiparadigmatischen Wissenschaftsfeld ist der Vorzug eines Ansatzes gegenüber anderen von einer komplexen Melange aus Zeitgeist, politischen Interessen, Anreizen und kulturellen bzw. gesellschaftlichen Bedürfnissen geprägt.

Zum Ende dieses Kapitels ist es sinnvoll, einen kurzen Blick über den Atlantik zu werfen und nach dem Einfluss des Positivismus in den USA zu fragen. Damit kann die Annahme untermauert werden, dass es sich beim Positivismus um eine für die Sozialwissenschaften relevante Strömung handelt.

Positivismus in den USA

Wie bereits kurz angemerkt, ist vor allem Spencers biologische Soziologie, die einem Evolutionismus folgt, in den USA erfolgreich. Dahrendorf spricht gar von einer »Spencer-Mode«, die sicherlich für die frühen Jahre der amerikanischen Soziologie, also der Zeit von ungefähr 1870 bis zum Beginn des 20. Jahrhunderts, geltend gemacht werden kann. Spencers Einfluss ist wie andere Formen des Positivismus nicht auf die Soziologie beschränkt, sondern kann z. B. auch in der Wirtschaftswissenschaft oder der Politikwissenschaft aufgezeigt werden. Auffallend ist im Fall der Political Science, dass diese erst in der Diskussion des in den 1980er Jahren aufkommenden Wissenschaftskonzepts des »scientific realism« – welches eine Abkehr von positivistischen Prinzipien der Gesetze, der Logik und der Falsifizierbarkeit einfordert – die Möglichkeit zur Aufarbeitung des Positivismus selbst nutzt. Allgemein gewendet fällt in Bezug auf die Sozialwissenschaften in den USA ins Auge, dass es zwar zahlreiche Debatten sowie recht früh bereits umfangreiche Kritik an einem Positivismus gegeben hat, einen markanten Streit wie den oben geschilderten sucht man jedoch vergebens. In Bezug auf die Soziologie in Nordamerika lässt sich die Entwicklung konkretisieren. Der Einfluss Spencers macht es möglich, das Feld der frühen Soziologie – das erste eigenständige Soziologie-Department wurde 1892 in Chicago gegründet – in Spencerianer und Anti-Spencerianer zu unterteilen. Thematisch sind die soziale Evolution bzw. der soziale Wandel und die Notwendigkeit zur »social reform« prägende Themen, was nicht allein an Spencers Evolutionstheorie, sondern an der Dynamik der modernen amerikanischen Einwanderungs- und Industriegesellschaft dieser Zeit liegt. Mit Steinmetz (2007) lässt sich für die amerikanische Soziologie eine Entwicklung nachzeichnen, in der der methodologische Positivismus nach dem Zweiten Weltkrieg eine hegemoniale Stellung einnimmt. Diese Idee des *methodologischen Positivismus* ist verwandt mit der oben dargestellten Auffassung der Wiener Schule, Sozialwissenschaften an einem naturwissenschaftlich fundierten und auf Gesetze zielenden Setting von Theorien und Methoden zu orientieren. Eine solche Orientierung gilt lange Zeit als entscheidendes Kriterium für Wissenschaftlichkeit. Der Situation im Amerika der Nachkriegszeit steht ein methodologischer und auch methodischer Pluralismus in der Gründungszeit und Zwischenkriegszeit zu Anfang der Entwicklung gegenüber. Die Ausgangsposition des wissenschaftlichen Feldes der amerikanischen Soziologie ist multiparadigmatisch, sodass der Positivismus nur eine unter mehreren Strömungen darstellt.

Erst allmählich, teilweise im Anschluss an den Positivismus und Neopositivismus in Europa, teilweise durch eigenständige Vertreter in den USA, triumphiert diese Strömung. Neben anderen Gründen für diesen Siegeszug nennt Steinmetz (vgl. ebd.: 315) den als Wirtschaftsform vorherrschenden Fordismus, der mehr als nur eine Produktionsweise darstellt. Die rationalisierte, spezialisierte und auf Masse ausgerichtete Produktion – benannt nach dem Autobauer Henry Ford – greift auch immer mehr auf die Lebensweisen über. Eine so gestaltete technologische Steuerung findet letztlich eine Entsprechung im Positivismus der Sozialwissenschaften. Mit der Idee der *sozialen Regulierung* ist auch eine Vorstellung der Anwendung von Technologie verbunden.

7. Die drei Kulturen

Keywords: Sozialwissenschaften zwischen Literatur und Naturwissenschaften – Konsequenzen aus der Zwischenposition – Sozialwissenschaftliche Hermeneutik

Die »zwei Kulturen« – hier nicht im ursprünglichen Sinne von Snow, sondern als Naturwissenschaften auf der einen, Sozialwissenschaften auf der anderen Seite – erweisen sich bei genauerer Betrachtung als Konstruktion. Die Ausführungen in den bisherigen Kapiteln konnten die Verbundenheit von Natur- und Sozialwissenschaften durch eine – zumindest zeitweilige – gemeinsame Entwicklung sowie durch einen regen Austausch miteinander aufzeigen. Die Diskussion um den Positivismus kann in diesem Sinne als ein Versuch verstanden werden, Natur- und Sozialwissenschaften mithilfe der Philosophie und unter der Ägide der positiven Wissenschaften zusammenzubringen. Die Rede von den »zwei Kulturen« stößt an ihre Grenzen, denn richtig ist sowohl, dass die beiden Fakultäten jeweils nach eigenen wissenschaftlichen Prinzipien funktionieren, richtig ist aber auch, dass es in den letzten Jahrzehnten zahlreiche Überschneidungen gegeben hat, welche die Trennung zumindest partiell infrage stellen. Zu denken ist hier z. B. an die *Computational Social Science*, die in den Sozial- wie auch in den Naturwissenschaften angesiedelt ist. Ist damit aber die These von den zwei Kulturen obsolet? Zumindest sind alternative Verortungen möglich.

Trennung von Sozial- und Geschichtswissenschaft

Als Konsequenz aus der komplexen Beziehung von Natur- und Sozialwissenschaften sowie aus der weiteren Wissenschaftsgeschichte der Sozialwissenschaften ergeben sich Bemühungen, ihren Ort im Wissenschaftsfeld neu zu bestimmen. Ein solches Bemühen ist notwendig zur Sicherung und Erneuerung der fachlichen Identität und zur Gewährleistung eines legitimen Zugriffs, wenn nicht gar eines Monopolanspruchs auf einen Gegenstand. Dass dieser Vorgang zwar wichtig, aber kein einfaches Unterfangen ist, zeigt die Beziehung der Sozialwissenschaften zur Geschichtswissenschaft. Die gegenwärtige Regelung, die Geschichte – mit Ausnahme der Sozialgeschichte – als eigenständigen Wissenschaftsbereich und nicht als Bestandteil der Sozialwissenschaften anzusehen, stellt gewissermaßen einen historisch gewachsenen Kompromiss dar, mit dem Zweck, die Bedürfnisse der Fakultäten zu befrieden. Tatsächlich sind die Grenzen zwischen dem, was Bestandteil geschichtswissenschaftlicher und was Bestandteil sozialwissenschaftlicher Forschung ist, fließend, darüber hinaus findet ein reger Austausch von Methoden und Theorien statt. Die Trennung der Sozialwissenschaften von der Geschichtswissenschaft ist daher allein historisch halbwegs schlüssig zu erklären. Hier zeigt sich folgendes Bild: Zur Zeit der verstärkten Emanzipationsbemühungen einzelner Sozialwissenschaften wie z. B. der Politikwissenschaft oder der Soziologie war die Geschichtswissenschaft bereits etabliert und konnte auf eine Tradition verweisen, die bis in die Antike zurückreicht. Es bedurfte daher nicht nur guter Argumente und neuer Ideen, sondern auch einer gehörigen Portion Ausdauer und Beharrlichkeit, um Phänomene, die bisher von der Geschichtswissenschaft, wenn nicht gar von der Philosophie bearbeitet wurden, als Gegenstand der Sozialwissenschaften mit eigenständigem methodischen Zugriff zu etablieren.

»Drei Kulturen«

Eine andere Abgrenzung ist möglich. Verortet man die Sozialwissenschaften zwischen Literatur- und Naturwissenschaften, dann sind es nicht mehr nur zwei, sondern »drei Kulturen« (Lepenies), die in einer Beziehung zueinander stehen. In Bezug auf die Literatur können nicht allein neue methodologische Aspekte aufgezeigt werden, inhaltlich rücken Sprache und Text sowie dazugehörende interpretative Methoden wie die Hermeneutik in den Fokus.

Die vom Soziologen Wolf Lepenies eingeführte Bezeichnung der »drei Kulturen« ist eine Erweiterung bzw. Vertiefung der These von C. P. Snow aus dem Jahre 1959, nach der sich eine schwer überbrückbare Kluft von Literatur und Naturwissenschaft aufgetan habe. Die Sozialwissenschaften beanspruchen mit zunehmendem disziplinären Selbstbewusstsein einen Platz dazwischen. So sind dann auch für Lepenies nicht die Spaltung und Spannungen zwischen Science and Literature, sondern die Gemeinsamkeiten zwischen Literatur und Sozialwissenschaften von Interesse. Während die Naturwissenschaften im 19. Jahrhundert zunehmend an Autonomie gewinnen, bleiben sie zunächst als methodologischer Orientierungspunkt für die Sozialwissenschaften von Bedeutung. Mit dieser Orientierung standen der Vorwurf des *Szientismus* und damit die Frage im Raum, ob die Sozialwissenschaften mit Mitteln der Naturwissenschaften in der Lage sind, alle wesentlichen Facetten der sozialen Welt einzufangen. Für einen gewissen Zeitraum war es möglich, diese Aufgabe zumindest teilweise der Literatur zuzuschreiben, »deren Intuition weiter sieht als die Analysen der Soziologen, und deren Fähigkeit, das Gemüt der Menschen anzusprechen, den Resultaten eines Faches vorzuziehen ist, das sich als Naturwissenschaft der Gesellschaft mißversteht« (Lepenies 1985: XVI).

Es steht außer Frage, dass sich die einzelnen Sozialwissenschaften durchsetzten und im Feld der Wissenschaft etablierten. Im Laufe der Zeit erfuhren sie auch eine gesellschaftliche Anerkennung, wenn auch in geringerem Maß als die Naturwissenschaften. Die relativ kurze Episode, in der die Literatur die Soziologie – Lepenies bezieht sich in seiner Studie ausschließlich auf die Soziologie in Frankreich, England und Deutschland, wobei die Trennung der Soziologie von anderen Sozialwissenschaften gerade zu ihrem Beginn nicht scharf gezogen werden kann – kritisiert und herausfordert, bringt allerdings einige Schwachstellen zum Vorschein und zeigt alternative Zugänge zur sozialen Welt auf. Es lohnt daher, sich diese Gemengelage etwas genauer anzuschauen. So macht z. B. die verstärkte Porträtierung von »sozialen Gattungen«, aber auch die Aufarbeitung einer Geschichte der Sitten innerhalb der französischen Literatur in der zweiten Hälfte des 19. Jahrhunderts deutlich, dass die Literatur sich Themen annahm, die man heute den Sozialwissenschaften zuschreibt. Die Literatur tritt damit in ein Konkurrenzverhältnis zu den sich derzeit neu formierenden Sozialwissenschaften. Sie erfährt zudem Auftrieb durch das Bemühen, nach der Aufklärung den Kanon der akademischen Disziplinen neu auszurichten und der Literatur eine prominentere Stelle zuzuweisen (vgl. ebd.: XIII). Der Befund lässt sich zuspitzen, sodass Rationalität und wissenschaftliche Vernunft auf der einen Seite, Gefühlskultur und Glaubensinhalte auf der anderen Seite stehen. Die Literatur sei eher und besser in der Lage, gesellschaftliche Verhältnisse auszusprechen, als die Soziologie. Dies gelinge auch, weil gerade in Frankreich politische und kulturelle Strömungen stärker literarisch aufgearbeitet wurden und werden als in anderen Ländern. Die Konkurrenzsituation zwischen Literatur und Soziologie in Frankreich wird dadurch verschärft, dass gleichzeitig eine Verwissenschaftlichung und Institutionalisierung der Literatur im Gange ist. Die Soziologie unterschätzte ihrerseits lange Zeit den realitätsaufklärenden Gehalt der Literatur (vgl. ebd.: 97). Lepenies stellt der bekannten These der Entfremdung der Wissenschaft von der Lebenswelt, die im 19. Jahrhundert auch für die Soziologie geltend gemacht werden kann, umfangreiche und detailgesättigte Beispiele einer Literatur entgegen, die sich empirisch der sozialen Welt zuwendet.

Literatur und Soziologie

Was für Frankreich geltend gemacht werden kann, muss nicht unbedingt auf andere Länder übertragbar sein, denn die Beziehung zwischen Literatur und Soziologie ist durch kulturelle Besonderheiten geformt. In England in der zweiten Hälfte des 19. Jahrhunderts erkennt Lepenies eine häufig vertretene antidemokratische Einstellung, die sich gerade in der Kultur und Kunst niederschlägt und dennoch, oder gerade deshalb, als Lebenslehre fungierte (vgl. ebd.: 196). Auch hier spitzen sich die Positionen zu, indem sich Literatur und Literaturkritik im Kampf um den Anspruch als Orientierungsdisziplin der Industriegesellschaft (vgl. ebd.: 210) den Sozialwissenschaften gegenüberstehen. Ähnlich spannungsgeladen stellen sich die Verhältnisse in Deutschland dar. Die Gleichzeitigkeit von Wissenschaftsfeindlichkeit und Dichtungsglaube in der deutschen Kultur (vgl. ebd.: 245), die sich gegen die Aufklärung und damit gegen die Moderne stellt, ist sicherlich prägend. Fragt man darüber hinaus nach der Rolle, die Dichter wie Goethe oder *Stefan George* (1868–1933), Dichterfürst und Zeitgenosse Max Webers, für dessen Soziologie gespielt haben, oder umgekehrt, nach dem Verhältnis des Dichterkreises um George zur Gesellschaft, dann wird eine eigentümliche Ambivalenz im Verhältnis von Literatur und Sozialwissenschaften sichtbar.

Der Streit um die Deutungshoheit über die soziale Welt zwischen Literatur und Soziologie bleibt eine Episode des 20. Jahrhunderts, die Frage nach der Stellung der Sozialwissenschaften innerhalb von drei Kulturen ist hingegen heute noch von Relevanz. Der zweite Teil dieser Annahme verlangt eine weitere Ausführung. Dass es nicht damit Genüge getan ist, den Bezug der Sozialwissenschaften auf die empirische Wirklichkeit herauszustellen, dürfte die bisherige Diskussion gezeigt haben. Entscheidend ist die Frage nach dem »Wie«? – Wie können bzw. wie sollen die Sozialwissenschaften methodologisch verfahren? Oder anders: Welcher Zugriff auf den Gegenstand ist angemessen? Auch hier wurde im Laufe der Darstellung schon deutlich, dass eine einfache Antwort kaum möglich ist. Innerhalb der real existierenden, multiparadigmatischen Struktur des Feldes der Sozialwissenschaften haben sich verschiedene Ansätze etabliert. Eine etablierte Position schließt Stärken und Schwächen in Bezug auf bestimmte Forschungsfragen nicht aus. Das Feld der Sozialwissenschaften ist dynamisch, sodass neben gegenseitiger Kritik und Theorienvergleich auch neue Ansätze entstehen und versuchen, sich im Feld zu etablieren.

Interpretative Verfahren

Die Zwischenstellung der Sozialwissenschaften fordert eine Auseinandersetzung mit der Literatur. Sie kommt u. a. im Poststrukturalismus unter anderen Vorzeichen noch einmal zum Ausdruck. Das Thema wird später noch einmal aufgegriffen. Mit der Literatur öffnen sich andere Zugänge zur sozialen Welt als die bisher referierten positivistischen, historistischen und kritisch-theoretischen. Der Gegenstand der Sozialwissenschaften kann demzufolge auch – wie die Literatur und wie Texte – durch Deutung und Interpretation erschlossen werden. Die Möglichkeit der Interpretation ergibt sich allerdings nicht nur für Gesprochenes und Geschriebenes, sondern auch für alle anderen Dinge der sozialen Welt. Die dazugehörige Methodologie wird den Sozialwissenschaften von sogenannten *interpretativen Verfahren* zur Verfügung gestellt. Zu diesen Verfahren zählen die Konversationsanalyse, die Narrationsanalyse, die dokumentarische Methode und die sozialwissenschaftliche Hermeneutik. Diese Interpretationsverfahren sollen eine systematische und kontrollierte Auswertung von Daten ermöglichen. Aus Perspektive der Wissenschaftstheorie, die nach den Konsequenzen in der Auseinandersetzung mit der Literatur und den Geisteswissenschaften fragt, ist es ausreichend, die Programmatik und die Idee der Interpretation am Beispiel der *Sozialwissenschaftlichen Hermeneutik* darzustellen. Die anderen Methoden erfahren im Kontext der dazugehörigen Paradigmen eine kurze Erörterung.

Sozialwissenschaftliche Hermeneutik

Die Hermeneutik kann auf eine lange Tradition verweisen, als Verfahren zum Verstehen von Texten diente sie z. B. im Mittelalter zur Bibelexegese. Im 19. Jahrhundert wurde sie vom Theologen und Pädagogen *Friedrich Schleiermacher* (1768–1834) zur »Kunstlehre« erhoben und schließlich vom Philosophen *Wilhelm Dilthey* (1883–1911) zur zentralen Methode der Geisteswissenschaften ausgebaut – und damit ein Unterschied zu den auf Gesetze zielenden Naturwissenschaften markiert. Im Zentrum des Interesses der Hermeneutik stand dabei immer ein Sinnverstehen; das ist auch in der sozialwissenschaftlichen Hermeneutik nicht anders. Die zentralen Begriffe der Hermeneutik »Deutung« bzw. »Interpretation«, »Verstehen« und »Sinn« lassen sich auf die soziale Welt übertragen. Handeln, Symbolen, Artefakten sowie Texten als Ergebnis eines kommunikativen Handelns kann Sinn zugeschrieben werden. Der Begriff »Interpretation« bezieht sich somit auf die Methode; »Verstehen« ist das Ziel dieser Methode, sodass der ursprünglich gemeinte Sinn oder aber auch andere Sinnschichten rekonstruiert werden können.

Die Bestimmung dieser zentralen Begriffe erinnert an Max Webers Ausführungen zu den soziologischen Grundbegriffen. In seinen viel zitierten methodologischen Grundlegungen schrieb er: »Soziologie [...] soll heißen: eine Wissenschaft, welche soziales Handeln deutend verstehen und dadurch in seinem Ablauf und seinen Wirkungen ursächlich erklären will.« (Weber 1988: 542) Auch hier finden sich die Begriffe der »Deutung« und des »Verstehens« an zentraler Stelle, doch handelt es sich im Fall Weber nicht um eine Hermeneutik, wohl aber um eine Handlungstheorie. Beide, sozialwissenschaftliche Hermeneutik und Webers Handlungstheorie, sind miteinander verwandt, wobei das eine (Hermeneutik) ein methodisches Verfahren, das andere (Webers Handlungstheorie) ein Theorieprogramm darstellt. Zudem ist es in den Sozialwissenschaften üblich, ähnliche Theorieansätze wie z. B. diejenigen, die sich an einem interpretativen Paradigma orientieren, gemeinsam darzustellen (vgl. Abels 2004). Die Verwandtschaft muss nicht verwirren, denn im weiteren Verlauf der Darstellung wird die Eigenständigkeit der sozialwissenschaftlichen Hermeneutik deutlich, wichtig ist es aber, *Verfahren und Methoden* von *Theorien und Ansätzen* zu unterscheiden.

Textbedeutung

Auch wenn die sozialwissenschaftliche Hermeneutik nicht auf die Interpretation von Texten beschränkt ist, kann ihre Programmatik am besten in Bezug auf die Textauslegung dargestellt werden. Auch ein Text steht nicht für sich allein. Texte sind mit Handlungen verknüpft, sie können als Protokolle von Interaktionsprozessen begriffen werden, die in einem Handlungszusammenhang stehen (vgl. Soeffner 2004: 81). Das bedeutet, vereinfacht gesagt, dass Texten immer Handlungen in einem sozialen Kontext vorausgehen. Genau aus diesem Grund erfolgt die Rekonstruktion der Textbedeutung auch auf mehreren Ebenen. Grundsätzlich sind mindestens zwei Ebenen zu unterscheiden: eine subjektive, die Bezug auf die Intentionen des Autors bzw. des Handelnden nimmt, und eine objektive, in der Bezug auf die Bedeutung genommen wird, die dieser Text für andere hat. Die Rekonstruktion der Textbedeutung erfolgt regelgeleitet, sie hat den Anspruch intersubjektiv nachvollziehbares Verstehen offenzulegen. Sozialwissenschaftliche Hermeneutik ist immer auf einen konkreten Text oder Gegenstand bezogen und bleibt daher Fallanalyse.

Der zu analysierende Text stellt einen abgeschlossenen Fall dar, sodass allein eine auf Hypothesen beruhende Rekonstruktion der Vergangenheit möglich ist. Der Soziologe Hans-Georg Soeffner benennt als das Ziel der Hermeneutik, die Herkunft, Konstruktion, Wirksamkeit sowie die Alternativen des in den Texten enthaltenen Wissens offenzulegen. Dieses Ziel kann nicht erreicht werden, ohne auf die Konstitutionsregeln und Bedingungen der Entstehung des Textes einzugehen (vgl. Soeffner 2004: 108). Mit dem hermeneutischen Verfahren ist die Möglichkeit der Kritik an Dokumenten, am Handeln und am diesem zugrundeliegenden Wissen verbunden. Die kritische Theorie, namentlich Jürgen Habermas, hat gar einen gesellschaftskritischen Anspruch mit der Hermeneutik verbunden, der über einen Idealismus, also über die Ideen und das Bewusstsein des Einzelnen, hinausgeht. Der Interpretationsprozess der sozialwissenschaftlichen Hermeneutik kann auch zu Ergebnissen führen, die vorher nicht zu erwarten waren, mehr noch: Hermeneutik, so Soeffner (vgl. ebd.: 113) zerstört Gewissheiten und findet Fragen und Antworten, die sie nicht gesucht hat.

Die These von den »drei Kulturen« ermöglicht letztlich eine andere Perspektive auf die Sozialwissenschaften. Nicht nur die Naturwissenschaften, auch die Literatur kann als Orientierungspunkt dienen. Dies vor allem deshalb, weil für einen Zeitraum die Literatur in Konkurrenz zu den Sozialwissenschaften stand und Themen aufgriff, denen von der Gesellschaft selbst Relevanz zugesprochen wurde. Die spätere erfolgreiche Institutionalisierung und Etablierung der Sozialwissenschaften in der Wissenschaftslandschaft können nicht darüber hinwegtäuschen, dass eine zu enge Bindung an die »kalte Rationalität« der Naturwissenschaften umfangreiche Kritik und damit die Frage aufgeworfen hat, ob damit alle Bereiche der sozialen Welt berücksichtigt werden können. Oder konkret gewendet: Was kann die Literatur mit ihrem deskriptiven, narrativen oder auch kritischen

Blick auf die Gesellschaft leisten, was die Sozialwissenschaften nicht leisten können? Die Antwort auf diese Frage fällt heute am ehesten in das Gebiet einer selbstreflexiven Literatursoziologie, die nicht nur nach dem Verhältnis von Literatur und Gesellschaft, sondern auch nach dem Verhältnis von Literatur und Sozialwissenschaften fragt (vgl. zur Einführung Magerski/Karpenstein-Eßbach 2019).

Eine Antwort auf diese Frage wurde in Bezug auf die Methodik der Sozialwissenschaften gegeben. Interpretieren, Deuten und Verstehen im weiteren Sinne, Hermeneutik im engeren Sinne sind aufs Engste mit Texten verknüpft, die Übernahme ins Feld der Sozialwissenschaften führt demnach auch zu einer Vertextlichung der sozialen Welt. Um Missverständnissen vorzubeugen, muss noch erwähnt werden, dass die Zwischenposition der Sozialwissenschaften weder dazu zwingt, die Programmatik der Literatur zu adaptieren, noch ist der Weg von der Literatur des 19. Jahrhunderts zu einer sozialwissenschaftlichen Hermeneutik zwangsläufig. Was aber die Auseinandersetzung mit der Literatur und der aufkommenden Literaturkritik leisten kann, ist, ein Interesse für interpretative Verfahren zu wecken.

Narration

Darüber hinaus ist die *Erzählung* bzw. die Narration als Methodik für die Sozialwissenschaften attraktiv. Ähnlich wie bei der Interpretation ist der Bezug auch hier doppelseitig. Während also die Sozialwissenschaften sich für die Interpretationsleistungen der Akteure interessieren, aber auch selbst Sinn interpretieren können, können Narrative als Erklärungen dienen, aber auch selbst zum Gegenstand von Studien werden. Innerhalb der qualitativen Sozialforschung hat sich mittlerweile die Narrationsanalyse als eigenständige Methode zur Untersuchung von Biographien und Identitäten etabliert. Aber auch über die Mikroebene hinaus, so z. B. in Bezug auf nationale Identitäten, Gemeinschaften oder aber den sozialen Wandel stellen Narrationen einen Modus der Erklärung.

8. Erklären, Verstehen und Beschreiben: aktuelle Ansätze in den Sozialwissenschaften

Keywords: Paradigmenbildung – Positivismus, Marxismus und Historismus – Historische Soziologie – Historische Sozialwissenschaften – Strukturfunktionalismus – Interpretatives Paradigma – Strukturalismus und Poststrukturalismus – Verhaltenstheorie – Theorie des rationalen Wahlhandelns (RCT) – Analytische Soziologie

Ziel dieses Kapitels ist es, aktuelle Ansätze in den Sozialwissenschaften aus wissenschaftstheoretischer Perspektive zu diskutieren. Zu diesem Zweck kann an die bereits aufgearbeiteten Traditionslinien angeschlossen werden. Mit dem Verweis auf Traditionen soll allerdings nicht der Eindruck erweckt werden, dass eine Kontinuität von Paradigmen immer erfolgt und damit den Regelfall darstellt. Tatsächlich werden manche Paradigmen im Laufe der Zeit aufgegeben, z. B. dann, wenn sie sich in der Forschung nicht etablieren. In diesem Zusammenhang fordern einige Vertreter*innen der Sozialwissenschaften derzeit vor allem, die Paradigmen des 19. und 20. Jahrhunderts kritisch zu hinterfragen, da einige Annahmen nicht mehr auf die Gegenwartsgesellschaft zu übertragen oder schlichtweg fachlich überholt seien. Mit dieser Forderung begibt man sich in eine nicht abgeschlossene Debatte, die eine Herausforderung für die Wissenschaftstheorie darstellt, die aber gleichzeitig über den Rahmen einer

Einführung hinausgeht. Festzuhalten ist in diesem Zusammenhang aber, dass sich die Paradigmen innerhalb eines Fachdiskurses bewähren müssen und zudem einem inhaltlichen Wandel unterliegen. Diese Beobachtung, die im Blick auf die Wissenschaftsgeschichte der Sozialwissenschaften gewonnen ist, steht der Auffassung entgegen, dass die Sozialwissenschaften im 21. Jahrhundert immer noch mit den Instrumentarien und Begriffen des 20. Jahrhunderts arbeiten. Theorien und Forschungsprogramme lassen sich zwar auf klassische Werke und Ansätze zurückführen, unterliegen aber einer Entwicklung.

Paradigmenbildung

Spätestens in Bezug auf die Fragen nach der Paradigmenbildung benötigt der Begriff des Paradigmas selbst eine genauere Bestimmung. Der Begriff wurde bisher als Bezeichnung für eine bestimmte Theorieauffassung oder eine Schule genutzt; auch im Titel dieses Kapitels ist von »Ansätzen« die Rede. Tatsächlich geht ein Paradigma über diese begrifflichen Bestimmungen hinaus. In Anlehnung an die Ausarbeitungen von Fischer lässt sich der Begriff konkretisieren: Paradigmen beinhalten demnach Hypothesen- und Modellvorstellungen, empirische und methodische Komponenten, die anhand von Beispielen verbürgt sind, sowie eine Positionierung zur Normativität oder zur normativen Enthaltung des Programms (vgl. Fischer 2014: 343).

Interpretationen

Dies festgehalten, tun sich mit der Zielsetzung dieses Kapitels allerdings zwei Probleme auf: Erstens ist aus den Darstellungen in den vorherigen Kapiteln bereits deutlich geworden, dass es je nach Tradition und Schule verschiedene Interpretationen von Sachverhalten und Begriffen gibt. Selbst wenn z. B. dieses Kapitel mit den Begriffen »Erklären«, »Verstehen« und »Beschreiben« betitelt ist, kann daher damit ganz Unterschiedliches – je nach paradigmatischer Positionierung im wissenschaftlichen Feld – gemeint sein. Das Problem, dass der gleiche Begriff aus verschiedenen Perspektiven etwas anderes intendiert, ist zu lösen, indem man eine wissenssoziologische Perspektive einnimmt, die nicht nach einer allgemeinen und endgültigen Bestimmung von Begriffen und Konzepten sucht und stattdessen dem jeweiligen Gebrauch im Feld bzw. innerhalb der Community Vorrang einräumt. Etwas komplizierter ist das zweite Problem, welches die Suche nach kanonischen Paradigmen bzw. die Antwort auf die Frage, wie viele Paradigmen in den Sozialwissenschaften vorhanden sind, betrifft. Die Diskussion über Paradigmen in den Sozialwissenschaften setzte in den 1970er Jahren ein und erfolgte zunächst im Vergleich mit den Naturwissenschaften. Der Antrieb für eine Beschäftigung mit diesem Thema ist großteils auf den Wissenschaftstheoretiker *Thomas Kuhn* (1922–1996) zurückzuführen, der den Wechsel von Paradigmen in den Naturwissenschaften untersuchte (vgl. Kuhn 1973). Aber anders als dort konnte in den Sozialwissenschaften kein übergeordnetes und damit die Forschung der einzelnen Disziplinen leitendes Paradigma ausgemacht werden, sondern allein eine interne Diversität nebeneinander existierender Paradigmen, die einen Konsens erschwerten (vgl. Heyl 1975: 63). Ein solches Nebeneinander kennzeichnet auch den heutigen Zustand in den Sozialwissenschaften, wenn auch gleichzeitig die Idee, dass sich diese im Laufe der Entwicklung in Bezug auf die Paradigmatik den Naturwissenschaften annähern, an Attraktivität und auch an Plausibilität verloren hat.

Kanon sozialwissenschaftlicher Paradigmen

Der Kanon sozialwissenschaftlicher Paradigmen wandelte und erweiterte sich im Laufe der Zeit, sodass sich die sozialwissenschaftliche Landschaft heute anders als noch vor 30 Jahren darstellt. Dazu später mehr, doch hängt die Bildung eines Kanons zunächst von der schwer zu beantwortenden Frage ab, was als Paradigma gelten kann.

Einen Hinweis zur Beantwortung erhält man allerdings, wenn man sich vor Augen führt, dass Paradigmen sich zu bewähren haben. Mit anderen Worten: Nicht alles, was heute als neues Paradigma ausgerufen wird, wird auch längerfristig als Bestandteil sozialwissenschaftlicher Forschungs- und Theorieparadigmen von der scientific community anerkannt. Bewährung bedeutet in diesem Sinne die Bestätigung von theoretischer und forschungspraktischer Relevanz. Was als Paradigma gilt, ist also letztlich in einem Aushandlungsprozess zu bestimmen, allerdings sind die Mechanismen und Kriterien einer solchen Aushandlung wenig transparent und wissenschaftstheoretisch im Gegensatz zu den Naturwissenshaften für die Sozialwissenschaften kaum aufgearbeitet. Bleibt die Frage nach dem Kanon selbst. Ein solcher findet sich noch am ehesten in Lehr- und Studienbüchern sowie in Enzyklopädien, in denen die einschlägigen Theorien und damit einhergehenden Paradigmen dargestellt werden. Doch damit ist das Problem nicht gelöst, denn die Anzahl und Auswahl der Ansätze ist uneinheitlich. Zur Illustration können zwei Beispiele dienen: Der Soziologe und Philosoph Joachim Fischer hat mehrere aktuelle Hand- und Lehrbücher aus dem Bereich der »Allgemeinen Soziologie« sowie der »Soziologischen Theorie« untersucht und in jedem Werk eine unterschiedliche Anzahl – zwischen 10 und 20 Paradigmen – gezählt. Er kommt zu dem Schluss, dass es keinen verbindlichen Kanon für die Soziologie gibt (vgl. Fischer 2014: 340). Ähnlich unübersichtlich bzw. uneinheitlich ist die Lage in den Politikwissenschaften. Lemke und Schaal zählen für die Nachkriegszeit, die eigentliche Gründungsphase der Politikwissenschaft, acht Schulen, die zwar für die Fachentwicklung relevant sind, deren gegenwärtige Bedeutung jedoch ganz unterschiedlich zu bewerten ist. Eine Zeit lang ist es den Autoren zufolge möglich, Unterschiede durch ein sogenanntes »Superparadigma« zu kennzeichnen. Damit lassen sich quantitative und qualitative Ansätze gegenüberstellen. Diese Leitunterscheidung habe aber zunehmend an Bedeutung eingebüßt (vgl. Lemke/Schaal 2014: 69). Die Autoren sehen gegenwärtig eine »Paradigmenkonkurrenz beziehungsweise Koexistenz« (ebd.: 71), für die es allenfalls möglich ist, einen Raum abzustecken. In einem solchen Raum politikwissenschaftlicher Paradigmen stellen der »rational-choice Ansatz« (Mikroperspektive) und die »Systemtheorie« (Makroperspektive) zwei Grenzlinien dar (vgl. ebd.: 90).

Begrenzung

Mit diesen zwei Beispielen wird deutlich, dass eine Auswahl die Regel, ja unvermeidbar ist, wenn nicht gerade die enzyklopädisch umfassende Darstellung eines Faches die Zielstellung ist. Die Begrenzung auf eine Auswahl gilt daher auch im Rahmen einer Einführung in die Wissenschaftstheorie, denn, wie oben dargelegt, ist es weder sinnvoll noch möglich, alle Paradigmen innerhalb des Feldes der Sozialwissenschaften aufzuarbeiten. Ausgehend von den bereits dargestellten Strömungen können aber Verwandtschaften von Ansätzen, Weiterentwicklungen und Abgrenzungen von Paradigmen aufgezeigt werden. *Positivismus, Historismus und Marxismus* dienen daher noch einmal als Ausgangspunkt, sie werden im Verlauf der Darstellung dieses Kapitels von Ansätzen ergänzt, die sich außerhalb dieser Traditionen bewegen. Im Fokus steht auch hier eine wissenschaftstheoretische Perspektive, sodass die Frage nach der jeweiligen Arbeitsweise, nach Programmatik und Zielsetzung im Fokus steht. Die Begriffe »Beschreiben«, »Erklären« und »Verstehen« können hierbei als Leitbegriffe verstanden werden, die jeweils unterschiedlich interpretiert werden, die aber von vielen Paradigmen als zentral angesehen werden.

Sozialtheorie und Gesellschaftstheorie

Es ist üblich, die Landschaft der sozialwissenschaftlichen Paradigmen auf einer Achse anzusiedeln, deren Enden auf der einen Seite eine Mikroperspektive und auf der anderen Seite eine Makroperspektive darstellen. Dies entspricht der Trennung von Sozialtheorie und Gesellschaftstheorie. Eine solche Unterscheidung ist auf den ersten Blick sinnvoll, denn interpretative Ansätze, die sich z. B. mit Interaktion oder sozialem Handeln auseinandersetzen, sind eindeutig dem Lager der Sozialtheorie zuzuschlagen. Aus wissenschaftstheoretischer Perspektive stößt man mit dieser Trennung allerdings an Grenzen. Dies können zwei Beispiele kurz aufzeigen: Max Webers Soziologie geht von einer Handlungstheorie aus, hat aber auch darüber hinaus den Anspruch, Aussagen zur Struktur der Gesellschaft und ihrer Institutionen zu treffen. Umgekehrt ist es bei der Frankfurter Schule bzw. der Kritischen Theorie so, dass ihre Ausgangsperspektive die Totalität bzw. die Gesellschaft darstellt, sie aber gleichzeitig mit ihrer Theorie auf die Subjektivität und die Arbeit des Subjekts abzielt. Die sozialtheoretische bzw. gesellschaftstheoretische Perspektive markiert somit nur einen Blickwinkel, nicht unbedingt das Forschungsprogramm oder den wissenschaftstheoretischen Anspruch. Für die nachfolgende Darstellung wird diese Unterscheidung hintangestellt.

Konkret werden der Logik des dritten Kapitels folgend nach der Möglichkeit einer positivistischen Sozialwissenschaft gefragt, die Positionen einer kritischen Gesellschaftstheorie im Anschluss an Marx zusammengefasst sowie die Weiterentwicklung des Historismus zu eigenständigen Ansätzen in den Sozialwissenschaften geschildert. Ergänzend dazu werden der »Strukturfunktionalismus«, die sogenannten »Interpretativen Ansätze«, der »Strukturalismus und Poststrukturalismus«, die »Verhaltenstheorie«, der »Strukturfunktionalismus« sowie die »Theorie der Rationalen Wahl« und darauf aufbauend die »Analytische Soziologie« als eigenständige Paradigmen geschildert.

Positivismus

Zunächst noch einmal zum *Positivismus*. Wenn man an die Ausführungen aus den vorangegangenen Kapiteln anschließt, dann wird deutlich, dass es mehrere Spielarten des Positivismus gibt. Einen Ausgangspunkt nimmt der Positivismus in der Philosophie, das gilt sowohl für Comte, als auch für den Neopositivismus des Wiener Kreises. Von den Sozialwissenschaften wurden und werden vor allem einzelne Aspekte des Positivismus übernommen, sodass es schwer ist, von einer auf dem Positivismus aufbauenden Sozialwissenschaft auszugehen. Auch die Versuche des Wiener Kreises, methodologische und methodische Vorgaben für die Sozialwissenschaften zu machen, führten nur zu begrenztem Erfolg und erlauben es ebenfalls kaum, von einer »positivistischen Sozialwissenschaft« zu sprechen. Dennoch sind auch heute die naturwissenschaftlichen Methoden und der damit einhergehende Anspruch für die Sozialwissenschaften attraktiv. Naturwissenschaftliche Methoden fügen sich allerdings nicht direkt in die sozialwissenschaftliche Forschung ein, sondern verlangen eine Anpassung. Wie im weiteren Verlauf der Darstellung zu zeigen sein wird, sind es neben einem methodischen Positivismus vor allem die Idee der Gesetzmäßigkeit sowie der Fokus auf mess- und berechenbare Phänomene und damit auf die Exaktheit der Aussagen, die übernommen werden. Diese Positionen sind aber nur richtig einzuordnen, wenn man berücksichtigt, dass es nicht nur verschiedene Spielarten des Positivismus gibt, sondern dass sich auch das Verhältnis der Sozialwissenschaften zu den Naturwissenschaften verändert hat. Die gegenwärtige Landschaft der Sozialwissenschaften ist zwar innerlich immer noch von einer – teilweise konflikthaften – Multiparadigmatik geprägt, die Konfliktlinien zu den Naturwissenschaften, die mit der These von den zwei Kulturen aufgerissen wurden und im

Positivismusstreit noch mitschwangen, sind hingegen deutlich abgeschwächt.

Interdisziplinarität

Die Etablierung einer »Computational Social Science«, die computergestützte Verfahren zur Analyse sozialer Prozesse einsetzt, oder aber einer »Mathematischen Soziologie«, die Theoriebildung und mathematische Ausdrucksweisen zusammenbringt, sind nur zwei Beispiele für die zunehmende Überbrückung von Differenzen zwischen Natur- und Sozialwissenschaften. Solche wissenschaftlichen Spielarten treffen gegenwärtig vor allem im Blick auf das politisch und wissenschaftlich protegierte Thema der »Digitalisierung« auf Interesse und werden in Bezug auf Phänomene wie »Big Data« oder »Netzwerke« angewandt. Für eine Überbrückung der Kluft zwischen den Natur- und Sozialwissenschaften spricht auch die Etablierung der sogenannten »Science & Technology Studies« (STS), die nicht nur nach den sozialen Konsequenzen naturwissenschaftlicher Forschung fragen, sondern die Praxis naturwissenschaftlicher Forschung selbst sowie die Herstellung naturwissenschaftlichen Wissens untersuchen. Mit derart trans- und interdisziplinären Ansätzen wird die Frage nach dem Positivismus zwar nicht obsolet, aber zumindest abgeschwächt.

Marxismus

Marxistische Soziologie

Der zweite oben vorgestellte Ursprung der Sozialwissenschaften, der *Marxismus*, rekurriert auf zahlreiche Problemstellungen, die mittlerweile bis in den sozialwissenschaftlichen Mainstream vorgedrungen sind. So gehören z. B. die von Marx geprägten Begriffe »Klasse«, »Elite« und »Ideologie« zum sozialwissenschaftlichen Grundrepertoire. Neben der im dritten Kapitel bereits vorgestellten Kritischen Theorie der Frankfurter Schule und der durch den Zeitgeist bedingten Allgegenwart von Marx in den Sozialwissenschaften der 1970er Jahre, die eine schier unüberschaubare Menge an Publikationen hervorbrachte, hat sich in Europa und in den USA eine *»marxistische Soziologie«* herausgebildet. Ihr Anspruch ist wie im Fall der Frankfurter Schule ein gesellschaftskritischer, der auf den oben dargestellten Prinzipien des Widerspruchs bzw. der Dialektik beruht. Anders als die Frankfurter Schule besitzt die »marxistische Soziologie« aber ein Forschungsprogramm, das auf klassischen marxistischen Positionen aufbaut, diese aber in Bezug auf aktuelle gesellschaftliche Phänomene zuschneidet. Der Ausgangspunkt »marxistischer Soziologie« ist der Mensch im Kontext der herrschenden gesellschaftlichen Verhältnisse, mit anderen Worten: das bewusste Sein des Menschen in seiner arbeitenden Tätigkeit. Die Rede von den gesellschaftlichen Verhältnissen bezieht sich dabei auf die kapitalistischen Produktions- und Klassenverhältnisse. Mit der Betonung des Primats menschlichen Lebens kann sowohl die Arbeit ins Zentrum der Theorie gerückt werden als auch die Lebensführung, die sozusagen eine Schnittmenge von Gesellschaft und Alltag darstellt.

Im Kapitalismus sind in der Auffassung dieses Paradigmas sowohl die normativen Strukturen der Naturbeherrschung als auch die Verteilung der Produktionsmittel relativ stabil. Damit ist der industrielle Raubbau an der Natur durch Technik auf der einen Seite, der Besitz von Produktionsmitteln in wenigen Händen und damit zusammenhängend die Notwendigkeit für viele, ihre Arbeitskraft zu verkaufen, auf der anderen Seite gemeint. Die Besitzer von Produktionsmitteln streben der marxistischen Logik zufolge nach Akkumulation von Kapital und nach der Produktion von Mehrwert. Sie stellen mehr oder minder die herrschende Klasse dar, deren Macht auch die Möglichkeiten des Staates einschränkt. Mehr noch: Sie besitzen die Fähigkeit, den »Geist« der Gesellschaft zu prägen. Bereits Mitte des 19. Jahrhunderts formulierten Marx und Engels eine Ideologiekritik, die der marxistischen Soziologie zufolge auch heute noch Gültigkeit beanspruchen kann.

Klassenverhältnisse

Aus den Produktionsverhältnissen erwachsen Klassenverhältnisse, die wiederum zu einem Konflikt führen können, wenn die Klassenverhältnisse antagonistisch sind. Der wissenschaftstheoretische Anspruch marxistischer Soziologie liegt nun genau in der Analyse und Kritik solcher Klassen- und Konfliktverhältnisse, die – dem Paradigma folgend – auch in der Gegenwartsgesellschaft vorzufinden sind. Zu denken ist hier an eine Ungleichheitsdimension im Sinne eines Klassensystems, welches sich heute nicht mehr national, sondern global erstreckt. Eine Arbeiterklasse wäre so u. a. im globalen Süden zu suchen (vgl. Rehbein 2013). Zu denken ist auch an eine Analyse der gegenwärtigen Produktionsmittel, also der Arbeitsgegenstände bzw. Arbeitsmittel, bei der vermehrt das Wissen an die Stelle von klassischen Rohstoffen und Maschinen rückt.

Der Kapitalismus ist für die marxistische Soziologie der Schlüssel zur modernen Gesellschaft, er ist ein dynamisches, aber auch krisenanfälliges System, welches einen Kernmechanismus besitzt, der im Wesentlichen unverändert bleibt und durch den historischen Materialismus beschrieben wurde. Entscheidend ist, dass der methodologische Primat der Untersuchung der ökonomischen Sphäre zugesprochen wird. Das hat u. a. die Konsequenz, dass der gesellschaftliche Wandel zuvorderst als Wandel der Produktionsverhältnisse begriffen wird und dass Kultur und Politik allein als abhängige Variablen der Produktionsverhältnisse verstanden werden.

Historische Sozialwissenschaften – Historische Soziologie

Historische Sozialwissenschaften

Vom dritten zuvor behandelten Ursprung, dem *Historismus*, führt ein Weg zu den Historischen Sozialwissenschaften. Dieser Weg lässt sich am deutlichsten mit Bezug auf Max Weber nachzeichnen. Webers Forschungsprogramm ist vielschichtig und bietet nicht zuletzt deshalb verschiedene Lesarten. Dies gilt sowohl in methodologischer, als auch in programmatischer, also sozialwissenschaftlicher Sicht. Bedenkt man, dass Weber als Jurist ausgebildet wurde, seine ersten wissenschaftlichen Versuche aber in der Nationalökonomie erfolgten und dass sich das Wissenschaftsfeld, in dem er sich bewegte, erst in der Entstehung befand, dann ist eine solche Vielschichtigkeit wenig verwunderlich. So bildet denn auch z. B. die gegenwärtige, von Heidelberg – der langjährigen Wirkungsstätte Webers – ausgehende Diskussion um das sogenannte »Weber-Paradigma« (vgl. Albert u. a. 2006) keine programmatische Einheit, selbst wenn ein theoretischer und methodologischer Kern dargelegt wird. Interessanterweise ist Weber auch heute über die Soziologie hinaus für andere Sozialwissenschaften anschlussfähig. In den nachfolgenden Ausführungen zu aktuellen Positionen in den Sozialwissenschaften und ihren methodologischen Prämissen findet Weber daher eine mehrfache Verwendung: zum einen als Wegbereiter für eine historische Sozialwissenschaft und eine Historische Soziologie, zum anderen als Begründer einer »Verstehenden Soziologie« und Handlungstheorie. Hier ist zunächst die *historische Perspektive* in seinem Denken von Bedeutung. Ausgehend von Weber können zwei engere Perspektiven einer Historischen Sozialwissenschaft ausgemacht werden.

Wie bereits weiter oben angemerkt, kritisiert Max Weber den Historismus der »historischen Schule« der Nationalökonomie. Seine eigenen Überlegungen zur Wissenschaftslehre stellen eine Loslösung, aber nicht eine vollkommene Überwindung des Historismus dar. Fragestellungen wie z. B. ein romantischer Begriff von Individualität, die im Historismus des 19. Jahrhunderts noch anzutreffen sind, spielen bei Weber keine Rolle mehr. Was hingegen deutlich wird, ist, dass es eine Besonderheit der historischen Erkenntnis gibt. Historische Erkenntnis muss sich, will sie wissenschaftlich sein, von subjektiven

Vorstellungen genauso lösen wie von der Idee eines einheitlich verlaufenden Geschichtsprozesses. Auch die Frage nach Sinn oder Ziel der Geschichte wird damit aufgegeben. Stattdessen entwickelt Weber eine Erklärung für Geschichtsprozesse, die auf Rationalisierung als Schlüsselbegriff rekurriert. Rationalisierung wirkt in diesem Sinne als Kraft bzw. als Tendenz in der Gesellschaft, mit Auswirkungen z. B. auf die Organisation der Arbeit. Damit ist nicht gesagt, dass Rationalisierung als Prozess immer und überall wirkt, sie ist aber ein Charakteristikum, welches sich in der historischen Entwicklung westlicher Gesellschaften abzeichnet.

Rationalität

Dieser Rationalität als Prozess steht ein Rationalismus in der okzidentalen Kultur selbst gegenüber, der von Weber z. B. in seiner vielzitierten Studie zur »protestantischen Ethik und dem Geist des Kapitalismus« (vgl. Weber 1988) offengelegt wurde. Zu beachten ist allerdings, dass Rationalität ein vielschichtiger Begriff ist, sodass für eine bestimmte historische Situation zwar *Zweckrationalität* – der Einsatz von Mitteln zur Realisierung von Erwartungen – als Leitprinzip des Handelns erkannt werden kann (vgl. Rossi 1987: 63), Rationalität aber immer in verschiedenen, teils gleichzeitig vorhandenen Formen existiert. Im Kern geht es Weber darum, Erklärungen für die besonderen Eigen- und Spielarten des okzidentalen Rationalismus zu finden. Mit Webers Ansatz der historischen Erkenntnis, die z. B. auf Rationalisierungsprozessen basiert, wird auf eine idiographische Methode rekurriert, die die Beschreibung der Wirklichkeit in ihrer Eigenart zum Ziel hat und das Wesentliche der historischen Erscheinung erfassen will (vgl. Müller 2007: 56). Zu diesem Zweck kann sie verallgemeinerte theoretische Modelle wie z. B. Idealtypen entwerfen, mit denen wiederum historische Besonderheiten aufgezeigt werden können. Eine solche Vorgehensweise unterscheidet die Sozialwissenschaften als empirische Wirklichkeitswissenschaften von den auf Gesetze zielenden Naturwissenschaften.

Auffallend ist, dass die Bezeichnung »Historische Sozialwissenschaft« auf den ersten Blick relativ unbestimmt ist, denn tatsächlich kann jede sozialwissenschaftliche Spielart, die sich in irgendeiner Weise mit Geschichte auseinandersetzt, so bezeichnet werden. Eine Konkretisierung dieser Bezeichnung führt sowohl zur Sozialgeschichte als auch zur historischen Soziologie. Beide sollen nachfolgend kurz dargestellt werden. Dabei ist zu berücksichtigen, dass es sich sowohl bei der Sozialgeschichte als auch bei der historischen Soziologie nicht um eindeutige Paradigmen handelt, wohl aber um klar umrissene Forschungsperspektiven, die allerdings durch unterschiedliche Theorien angeleitet werden können.

»Bielefelder Schule«

Der Begriff »Historische Sozialwissenschaft« wurde in den 1970er Jahren vom Bielefelder Historiker *Hans-Ulrich Wehler* (1931–2014) aufgegriffen, um eine bestimmte Position innerhalb der Geschichtswissenschaft zu markieren. Er entwickelte sich im Laufe der Zeit zur Bezeichnung für die sogenannte *»Bielefelder Schule«*. Ausgehend von der Diagnose einer Theoriebedürftigkeit (Wehler 1973: 11) sucht Wehler einen Austausch mit der Soziologie und hier vor allem mit der Tradition von Max Weber. Was Wehler programmatisch im Sinn hat und später umfassend in seinem Werk darstellt, ist eine moderne Sozial- und Gesellschaftsgeschichte, die ihren Fokus aus dem Werk von Weber ableitet. Im Ergebnis ist dies »eine Geschichtswissenschaft, die nicht primär Ereignisse, Personen, Intentionen und Handlungen erforscht, sondern vor allem Strukturen und Prozesse als Bedingungen und Folgen von Ereignissen, Entscheidungen und Handlungen, die den Entscheidenden und Handelnden nicht voll bewußt sind, von ihnen nicht ganz oder anders beabsichtigt wurden und die die Ereignisse zwar bestimmen, aber nicht in ihnen aufgehen« (Kocka 1987: 136). In dieser Form handelt es sich bei der »Historischen Sozialwissenschaft« um ein Paradigma der Bielefelder Schule der Sozialgeschichte. Andere Ausrichtungen sind möglich. Die oben bereits erwähnte »Annales-Schule« um Bloch und Febvre ist ebenfalls eine Historische Sozialwissenschaft, die ihre theoretische Orientierung in der Auseinandersetzung mit Émile Durkheim nimmt. Eine weitere Form Historischer Sozialwissenschaft findet man in Großbritannien. Sie ist mit Namen wie *Eric Hobsbawm* (1917–2012) oder *E. P. Thompson* (1924–1993) verbunden und bezieht marxistische Theoriepositionen in die Sozialgeschichtsschreibung mit ein. Bekannt geworden ist diese Schule vor allem durch eine »Geschichte von unten«, mit der z. B. die Arbeiterklasse, aber auch andere von der Geschichtswissenschaft bisher vernachlässigte Gruppen und Perspektiven Berücksichtigung erfahren.

Diese Beispiele historischer Sozialwissenschaften werfen aus methodologischer Perspektive die Frage nach dem Verhältnis von Geschichte und Soziologie auf. Es ist sicherlich zu einfach, der Soziologie Theoriekompetenz und der Geschichte Kompetenz im Umgang mit der Vergangenheit zuzuschreiben. Der Zeitpunkt, in dem Wehler die These der Theoriebedürftigkeit der Geschichte aufwirft, deutet aber doch immerhin eine Tendenz in diese Richtung an. In Bezug auf die Soziologie formuliert Wehler eine Kritik, die auch heute noch für weite Teile des Fachs geltend gemacht werden kann: »Die Sperrigkeit der Vergangenheit gegenüber glatten Formeln, die Anstrengung, in zahllosen Arbeitsgängen allmählich einer historischen Theorie nachzukommen, werden hier zu oft unterschätzt.« (Wehler 1973: 22) Das Verhältnis der Geschichte zur Soziologie ist ein Thema, das immer wieder zu Diskussionen und Debatten führt. Auch wenn beide sich auf die soziale Welt als Gegenstand beziehen können, sind die disziplinären Traditionen und die methodischen Vorgehensweisen unterschiedlich. Die empirischen Methoden der Soziologie richten sich weitestgehend auf die Gegenwart, wohingegen sich die Methoden der Geschichtswissenschaft auf die Vergangenheit beziehen. In der

Betrachtung der Vergangenheit steht auch hier nicht eine lineare Zeit im Vordergrund, sondern die Gleichzeitigkeit von Ungleichzeitigem.

Historische Soziologie

Die Historische Sozialwissenschaft bietet in diesem Zusammenhang eine Schnittmenge zwischen Soziologie und Geschichte. Gleiches gilt für die *Historische Soziologie.* Während die Historische Sozialwissenschaft bzw. die Sozialgeschichte sich auf die Soziologie zubewegte, um sich theoretisches Rüstzeug für ihre historischen Analysen zuzulegen, kann die Historische Soziologie als Wiederannäherung an die Geschichte verstanden werden. Heute sind die Grenzziehungen zwischen beiden Perspektiven oft nur schwer möglich, aber nicht alle Geschichte ist Sozialgeschichte und nur ein geringer Bruchteil der Soziologie ist Historische Soziologie. Die Wiederannäherung der Soziologie an die Geschichte und mit ihr an historische Fragestellungen war nötig, weil auch die Gesellschaft und ihre Bestandteile eine Geschichte besitzen. Die Loslösung erfolgte zumindest teilweise deshalb, weil mit Comte – dem Gründervater des Fachs – der Vorwurf der Geschichtsphilosophie bzw. der Teleologie, der Vorstellung von einem Ziel der Geschichte, im Raum stand. Diese Auffassungen standen eine Zeit lang quer zum Vorhaben, empirisch gesicherte Aussagen zur Gegenwart zu treffen, und verlangten eine Neuinterpretation. Doch wie bereits oben am Beispiel von Weber verdeutlicht, kann die Soziologie sich der Analyse der Geschichte und des historischen Wandels zur modernen Gesellschaft annehmen, ohne in die Fallstricke der Geschichtsphilosophie zu tappen. Wirft man einen Blick auf das Gewordensein der Gesellschaft oder einzelner sozialer Phänomene, dann ist es möglich, Erklärungen dafür zu geben, warum sie so sind, wie sie sind. Die Perspektive der historischen Soziologie geht also über das Hier und Jetzt der Gegenwart hinaus bzw. in die Geschichte des Hier und Jetzt zurück. Solche Erklärungen umfassen innerhalb der klassischen Historischen Soziologie die Besonderheit des okzidentalen Kapitalismus, die Frage nach der Entstehung des modernen, demokratischen Staates oder aber die gesellschaftlichen Ursachen und Folgen von Revolutionen und sozialen Bewegungen. Die Erklärungen, die die historische Soziologie geben will, gehen somit davon aus, dass trotz der grundsätzlichen Kontingenz der Moderne, der prinzipiellen Offenheit ihrer Entwicklung soziale und gesellschaftliche Ereignisse auch soziale und gesellschaftliche Konsequenzen haben. Mit den Worten des amerikanischen Soziologen Lachmann: »Historical sociologists [...] see each revolution as the culmination of a chain of events that open certain opportunities for action, while foreclosing others.« (Lachmann 2013: 9) Historische Soziologie richtet ihr Erkenntnisinteresse wie andere Spielarten der Soziologie auf die Gegenwartsgesellschaft. Sie beschreitet dazu den Weg der allgemeinen Soziologie, denn alle sozialen Phänomene können aus einer historisch-generativen Perspektive betrachtet werden; Ziel ist die Generierung von Theorie. Erst in unterschiedlichen Ausrichtungen und Verknüpfungen mit soziologischen Theorien werden sie zu Paradigmen. Daher sollen zumindest kurz drei wesentliche Paradigmen in der Historischen Soziologie erwähnt werden. Bereits deutlich wurde, dass Max Webers Soziologie selbst eine Historische Soziologie beinhaltet, die z. B. vergleichend nach der Entstehung und prozessartigen Ausbreitung von Rationalisierung oder auch Bürokratisierung in der Moderne fragt. Diese Weberianische Perspektive wurde in den USA unter anderem von Reinhard Bendix (vgl. Bendix 1962) und in jüngster Zeit von Stephen Kahlberg (vgl. Kahlberg 1994), aber auch vom israelischen Soziologen Shmuel Eisenstadt (vgl. Eisenstadt 2000) aufgegriffen und programmatisch weiterentwickelt. Die Verbindung der Historischen Soziologie mit dem Marxismus zu einem eigenständigen Paradigma erfolgte u. a. durch den amerikanischen Soziologen Barrington Moore (vgl. Moore 1987), der damit u. a. das Thema der Revolutionen und Klassen historisch-soziologisch einholte. Von größerer Popularität ist hingegen die auf Marx aufbauende und damit die Ökonomie ins Zentrum der Analyse rückende Weltsystemanalyse von Immanuel Wallerstein (vgl. Wallerstein 2004). Als eigenständige Perspektive kann die auf den deutschen Soziologen Norbert Elias zurückgehende Zivilisationstheorie genannt werden, die u. a. nach der sozialen und psychischen Genese von Verhaltensregeln fragt, die heute selbstverständlich erscheinen (vgl. Elias 1997).

Gemeinsam ist den drei Ansätzen, dass sie nach sozialen und gesellschaftlichen Mustern, Strukturen und Pfaden in der Geschichte suchen, die eine Erklärung für Phänomene in der Gegenwart geben.

Wissenschaftliche Ansprüche

Die wissenschaftstheoretischen Ansprüche von Positivismus, Marxismus und Historismus sind unterschiedlich. Während Sozialwissenschaften, die sich am Positivismus orientieren, vor allem auf naturwissenschaftliche Methodik und logische Exaktheit bauen, formulieren am Marxismus orientierte Sozialwissenschaften ein gesellschaftskritisches und emanzipatorisches Erkenntnisinteresse. Die aus dem Historismus hervorgegangenen Ansätze erweitern den sozialwissenschaftlichen Blickwinkel über die Gegenwart hinaus und suchen nach Erklärungen für das gesellschaftliche Gewordensein der Phänomene.

Positivismus, Marxismus und Historismus bieten als Ursprünge für wissenschaftstheoretische Positionen eine Matrix, die als Orientierung in diesem Feld dienen kann. Im nächsten Schritt geht es nun darum, eine Reihe anderer Paradigmen in Bezug auf ihre wissenschaftstheoretische Position zu beschreiben und in ein Verhältnis mit dem bisher Gesagten zu setzen. Mit diesem Überblick wird eine Auswahl getroffen.

Strukturfunktionalismus

Eines der wirkmächtigen Paradigmen innerhalb der europäischen und amerikanischen Sozialwissenschaften, welches noch bis in die 1960er und 1970er Jahre fester Bestandteil im akademischen Curriculum war, ist der Strukturfunktionalismus. Betrachtet man die Begriffe »Struktur« und »Funktion« etwas genauer, dann wird bereits eine Denk- und Arbeitsweise des Paradigmas deutlich. Der Begriff »Struktur« bezieht sich auf eine Ordnung oder ein Muster einzelner Teile, die miteinander verbunden sind. Dabei ist es zunächst unwichtig, ob es sich um eine real existierende oder »ausgedachte« Struktur handelt. Der Begriff »Funktion« verweist auf eine Aufgabe oder Wirkweise, die z. B. von einer Struktur erfüllt wird. Mit diesen knappen Begriffsbestimmungen wird bereits zweierlei ersichtlich: Erstens geht es im Strukturfunktionalismus um das Verhältnis des Ganzen zu seinen Teilen und umgekehrt. Zweitens sind die namensgebenden Begriffe aus anderen Wissenschaften entlehnt und finden z. B. in der Biologie wie auch in der Mathematik oder der Kybernetik theoretische Verwendung. Ähnlich wie in der Mathematik verweist der Begriff der Funktion in den Sozialwissenschaften auf eine Kausalität und zwar in dem Sinne, dass sie Mittel zu einem bestimmten Zweck darstellt. Hinzu kommt eine Verwandtschaft des Begriffs Struktur mit dem des Systems, »beide bedeuten sie ein geordnetes Gebilde, ein Gefüge einzelner Teile, die in irgendeiner Weise aufeinander bezogen sind und zusammenwirken« (Seiffert 1995: 164). Diese Verwandtschaft führt dazu, dass auch die beiden miteinander verwandten Paradigmen des »Strukturfunktionalismus« und der »Systemtheorie« häufig gleichgesetzt werden. Doch hier bestehen Unterschiede, die es am Ende dieses Abschnitts noch zu diskutieren gilt.

Der Ursprung des strukturfunktionalen Paradigmas liegt in der Evolutionstheorie. Zu denken ist hier an den weiter oben bereits diskutierten Herbert Spencer, der den Begriff des *Superorganismus* aus der Biologie in die Sozialphilosophie überträgt und diesem bzw. seinen Bestandteilen bestimmte Funktionen zuschreibt. Die Vorstellung der Gesellschaft als Organismus ist seit Spencer als Metapher geläufig. Die Funktion der Teile oder Glieder des Organismus dienen in diesem Bild seiner Selbsterhaltung. Auch Émile Durkheim kann als ein früher Soziologe herangezogen werden, der nach Funktionen von Prozessen für die Gesellschaft fragt. In seiner klassischen Studie zur sozialen Arbeitsteilung (vgl. Durkheim 1992) beschäftigt er sich ausführlich mit den verschiedenen Bedeutungen des Begriffs Funktion und benennt schließlich die soziale Solidarität als zentrale Funktion der Arbeitsteilung.

Evolutionstheorie

Wenn auch das funktionale Denken vor allem in der Anthropologie eine Rolle spielte und ebenda die Funktionen von Verwandtschaftsbeziehungen oder Ritualen für Stammesgesellschaften aufzeigt, so wurde erst mit den Soziologen Robert Merton und *Talcott Parsons* (1902–1979) das Paradigma des Strukturfunktionalismus begründet. Diese Erneuerung des funktionalen Denkens erfolgte Ende der 1930er Jahre und strebte eine Synthese von positivistischen und idealistischen Positionen an, die über die Soziologie hinaus in Psychologie, Ökonomie, Anthropologie und Politikwissenschaften wirksam waren.

Was heute vor allem als Makrofunktionalismus diskutiert wird, hat einen mikrosoziologischen Ausgangspunkt. Der Strukturfunktionalismus folgt als Paradigma, zumindest in den USA, auf die Vorherrschaft der Chicago School. Mit Parsons rückt ein elaboriertes theoretisches Interesse auf den Plan. Sicherlich arbeitet auch die Chicago School nicht atheoretisch, selbst wenn sie von empirischen Problemen ausgeht, doch Parsons zielt auf ein theoretisches System auf Grundlage eines *allgemeinen Begriffsschemas*, wie es in den Naturwissenschaften Verwendung findet. Parsons betont, dass naturwissenschaftliche Konzepte für die Erforschung des sozialen Handelns nicht adäquat sind, nennt aber als Referenzpunkt die Biologie bzw. die Theorie des Organismus und seiner Umgebung, die bis zu einem bestimmten Punkt Verwandtschaft mit seinem Denken zeigt (vgl. Parsons 1964: 541). Methodologisch ist sein Strukturfunktionalismus vor der Empirie angesiedelt, in Bezug auf den »action frame of reference«, wie er seine Handlungstheorie selbst bezeichnet, ist er darum bemüht, mittels theoretischer Begrenzung analytische Eigenständigkeit zu erreichen.

Doppelte Kontingenz

Parsons, der in den 1920er Jahren in Heidelberg Nationalökonomie studierte, beginnt seine theoretischen Überlegungen mit einer Handlungstheorie, in die er auch Webers Positionen miteinbezieht. So ist z. B. die Sinnhaftigkeit des Handelns, wie sie bei Weber in den soziologischen Grundbegriffen diskutiert wird, wichtig für Parsons spätere Generalisierung des Handelns. Bekannt geworden ist in diesem Zusammenhang das Modell »doppelter Kontingenz«, nach dem der Handelnde gleichzeitig Akteur und Objekt des Handelns ist, seine Handlung demnach zunächst an einem subjektiven Sinn orientiert ist. Gleichzeitig wird aber auch dem handelnden Gegenüber ein Sinn angezeigt. Die Bezeichnung »doppelte Kontingenz« verweist also auf eine wechselseitige Abhängigkeit der Handelnden. In Bezug auf die von Parsons entwickelte Handlungstheorie, die hier nicht im Detail referiert werden kann und soll, sind vor allem zwei Aspekte von wissenschaftstheoretischem Interesse: Erstens rückt Parsons gesellschaftliche Normen in eine zentrale Position seiner Theorie, zweitens begreift er Handlungen als System. Zum ersten Punkt: Parsons geht davon aus, dass eine normative Struktur von der Gesellschaft vorgegeben wird, die als eigenständige Kraft in der Handlungstheorie wirkt und die Auswahl der möglichen Handlungen mitbestimmt. Das bedeutet, dass für Parsons nicht nur Interessen, sondern auch gleichermaßen Normen konstitutiv für das Handeln sind. Mit diesem Bezug auf eine normative Struktur der Gesellschaft ist nicht nur etwas über das handelnde Individuum, sondern auch über die Frage, wie gesellschaftliche Ordnung möglich ist, ausgesagt. Hiermit greift Parsons ein Problem auf, welches schon Thomas Hobbes beschäftigte. Mit dessen Lösung ist er allerdings nicht einverstanden, einen Utilitarismus, der ohne verbindliche Normen auskommt, lehnt er ab. Es sind ihm zufolge gerade Normen, die bestimmte Handlungsoptionen ausscheiden lassen und so die bestehende gesellschaftliche Ordnung sichern. Mit anderen Worten: Ein kategorialer Bezugsrahmen, in diesem Fall die gesellschaftlich verankerten Normen, ist für die Analyse der gesellschaftlichen Wirklichkeit notwendig.

AGIL-Schema

Der zweite Punkt wird verständlich, wenn man sich das berühmte und für Studierende teilweise auch berüchtigte AGIL-Schema genauer anschaut (vgl. ausführlich dazu Schneider 2008: 85). Dessen einzelne Bausteine Anpassung (**A**daption), Zielerreichung (**G**oal Attainment), Integration (**I**ntegration) und Strukturerhaltung (**L**atent pattern maintenance) lassen sich zunächst handlungstheoretisch verstehen. Die Handlung erfolgt in diesem Sinne konform mit gesellschaftlichen Normen und Werten, sie ist sozusagen gesellschaftlich angepasst. Mit ihr wird ein bestimmtes Ziel erreicht, was wiederum die Integration des Handelnden in die Gesellschaft ermöglicht und gleichzeitig normative Struktur aufrechterhält. Das AGIL-Schema ist aber nicht nur eine Handlungstheorie, sondern beschreibt die Funktion eines Teilsystems. Damit ist gemeint, dass nicht die einzelne Handlung von Bedeutung ist, sondern der gesellschaftliche Zusammenhang. Versteht man die Bausteine des AGIL-Schemas als Aufgaben oder Anforderungen, dann muss nicht nur das Handlungssystem, sondern jedes gesellschaftliche System diese Aufgaben zum Zweck der Selbsterhaltung lösen (vgl. Parsons 1964: 24 f.).

Wenn als Zielpunkt der Erklärung von Parsons das Handlungssystem und nicht die einzelne Handlung angegeben wird, dann bedeutet das auch, dass er von der Gesellschaft als kollektiver Realität ausgeht. In einer solchen Perspektive stehen Mittel, Ziele und Normen in einem systematischen Zusammenhang und sind gleichzeitig hierarchisch gegliedert. Auch Eigenschaften wie z. B. Rationalität sind demzufolge nicht einem Akteur, sondern dem System zuzuschreiben. Genauer: Sie sind dort als Erwartungen verankert. Zu denken ist hier z. B. an das ökonomische System, welches in einer rationalen, erwartbaren Weise funktioniert. Die Betonung eines Handlungssystems bedeutet aber auch, dass der einzelnen Handlung nur ein begrenzter Einfluss zugesprochen werden kann.

Parsons entwirft ausgehend von seiner allgemeinen Handlungstheorie ein komplexes Theoriegebäude, welches die sich gegenseitig durchdringenden Subsysteme der Ökonomie, Politik, Gemeinschaft und Kultur beinhaltet. Bei aller Komplexität bietet der Strukturfunktionalismus gleichzeitig eine Heuristik, eine methodische Perspektive oder Denkweise also, die einen kaum zu überschätzenden Einfluss auf die Sozialwissenschaften ausgeübt hat. Gesellschaft kann als Einheit interpretiert werden, deren Teile bestimmte Funktionen übernehmen. Mit Biologie und Evolutionstheorie als wissenschaftlicher Referenz strebt der Strukturfunktionalismus in erster Linie ein theoretisches Interesse an. Anwendung findet dieser Ansatz in Bezug auf die Analyse moderner Gesellschaften, aber auch im Blick auf den sozialen Wandel. Gerade die Modernisierungstheorie, die Frage also, wie Gesellschaften modern werden und wie sie sich dabei wandeln, stützt sich lange Zeit auf den Strukturfunktionalismus. Aus einer evolutionären Perspektive wurde hier nach der Herausbildung von spezifischen Subsystemen gefragt. Tatsächlich kann aber jedes soziale Phänomen aus der Fragestellung nach seiner gesellschaftlichen Funktion betrachtet werden. Die Frage nach der sozialen Ordnung bzw. der Selbsterhaltung der Gesellschaft bleibt in diesem Paradigma als Grundproblem bestehen. Die strukturfunktionale Theorie basiert auf einer voluntaristischen Handlungstheorie, wobei die von ihr ausgemachten Systeme als analytische Einheiten konstruiert und mit bestimmten Funktionen ausgestattet sind.

Der Strukturfunktionalismus ist, zumindest in Teilen, eine Systemtheorie. Bereits bei Parsons wird die Anschlussfähigkeit sozialwissenschaftlicher Systemtheorie an andere Wissenschaften deutlich. Doch gilt es hier, nicht die Perspektive zu verzerren, denn Systemtheorie ist seit ihrem Beginn in den 1940er Jahren ein interdisziplinärer Ansatz. Aus diesem Umstand und aus ihrer besonderen philosophischen Geschichte erwächst ihr Potential.

Neopositivismus

Vor allem in den Politikwissenschaften, aber auch in anderen Sozialwissenschaften ist seit den 1980er Jahren von einem *Neopositivismus* die Rede, bei dem u. a. auch die Ideen von Parsons eine Weiterentwicklung erfuhren, nachdem sie in den 1960er Jahren starker Kritik ausgesetzt waren. Die ambitionierteste und gesellschaftstheoretisch ausgereifteste Spielart einer funktionalen Systemtheorie stammt allerdings vom Soziologen *Niklas Luhmann* (1927–1998). Während Parsons noch Referenz bei der Biologie sucht und seine Theorie auf der Metapher und Funktionslogik des Organismus aufbaut, orientiert sich Luhmann an der Kybernetik und an technischen Systemen. Systemtheorie rekurriert auf die Tradition der Technologie. Luhmanns Theorie erhebt einen universellen Anspruch für die Bereiche der sozialen Welt und formuliert zu diesem Zweck abstrakte Aussagen in Anlehnung an eine allgemeine Systemtheorie und mit Bezug auf die Besonderheit von sozialen Systemen. Die Leitunterscheidung ist hier nicht mehr wie bei Parsons die von Ganzem und Teilen, sondern die von System und Umwelt, die durch eine Differenz markiert sind. In der Gesellschaft existieren, dem Paradigma folgend, zahllose soziale Systeme, die auf mehreren Ebenen angesiedelt sind und von denen Gesellschaft als das umfassendste System begriffen werden kann (vgl. Luhmann 1978: 64). Durch funktionale Differenzierung, einen Prozess, der sich über die Zeit entfaltet, haben sich in der modernen Gesellschaft Teilsysteme mit einer spezifischen Funktion und mit einer je eigenen Funktionslogik herausgebildet. Solche Prozesse werden in der allgemeinen Systemtheorie unter dem Stichwort der *Emergenz* diskutiert, womit das selbstorganisierte Entstehen neuer Strukturen eines Systems gemeint ist.

Komplexitätsreduktion

Der Grundbegriff, Luhmann spricht von einem »Faszinationsbegriff« (vgl. Luhmann 2019: 6), der die Systemtheorie antreibt, ist »Komplexität«. Komplexität ist ein Merkmal moderner Gesellschaften, denn bereits der flüchtige Blick auf soziale Phänomene zeigt, dass einfache und eindeutige Erklärungen nur äußerst selten belastbar sind. Sozialen Systemen kommt nun die Aufgabe zu, diese Komplexität zu reduzieren. Anders als bei Parsons bildet nicht mehr Handlung den Schlüssel für soziale Systeme, sondern Kommunikation. Mit den Worten Luhmanns: »Soziale Systeme bestehen aus Kommunikationen, die sich selbstreferentiell verknüpfen« (ebd.: 12). Dass diese kommunikative Verknüpfung auch ein Handeln darstellt, ist damit noch nicht gesagt. Luhmann vollzieht mit seiner Theorie einen Wandel der gesellschaftlichen Semantik bzw. der gesellschaftlichen Selbstbeobachtung. Die Systemtheorie ist von der Annahme geleitet, dass sie die Fähigkeit besitzen muss, sich auf sich selbst zu beziehen. Sie bietet daher eine Metatheorie, die auf mehreren Ebenen angesiedelt ist.

Diese kurzen Ausführungen zu Luhmann können der Theorie und ihrer komplexen Logik selbstverständlich nicht gerecht werden. Mit ihnen ist es aber möglich, wissenschaftstheoretisch zumindest einen Fingerzeig zu geben, in welche Richtung die Entwicklung einer funktionalen Systemtheorie vorangetrieben wurde. Systemtheorie bietet wissenschaftstheoretisch die denkbar interdisziplinärste Spielart. Diese Ausrichtung hat Konsequenzen. So wird z. B. der Anspruch auf Erklärung vor allem theoretisch eingelöst. Die von der Theorie dargestellten Funktionsbeziehungen von Systemen sind auch als Kausalbeziehungen zu deuten: Wenn X, dann Y. Luhmanns Theorie des Systems moderner Gesellschaften plädiert letztlich nicht nur für eine Gesellschaftstheorie, sondern auch für die Entwicklung einer Wissenschaftstheorie eigener Art, die auf der abstrakten und standpunktübergreifenden Logik von Systemen basiert. Die Systemtheorie vertritt dabei die Perspektive eines Konstruktivismus, denn dem Beobachtenden auf einer höheren Ordnung stellt sich Gesellschaft als Netzwerk sozialer Systeme dar.

Interpretatives Paradigma

Die Auseinandersetzung mit dem interpretativen Paradigma, einem Bündel von Ansätzen, die auf Handlung, Interaktion und Interpretation aufbauen, führt noch einmal zurück zur Soziologie der Chicago School. Mit dem oben bereits erwähnten Pragmatismus, einer »Verknüpfung von Kreativitätsideen mit demokratischen Gedanken« (Joas 1992: 13), stößt man auf eine Grundlage, die für einige Ansätze innerhalb dieses Paradigmas wegweisend ist. Natürlich gibt es auch andere Richtungen, die von Ansätzen innerhalb dieses Paradigmas aufgegriffen werden. Neben Webers Handlungstheorie sind dies vor allem Georg Simmel, die Phänomenologie und die Wissenssoziologie.

Zunächst noch einmal zur Chicago School.

Wie bereits oben angemerkt, lassen sich mit Charles S. Peirce, William James, Charles H. Cooley und John Dewey die menschlichen

Schöpfungsmöglichkeiten und Problemlösungskompetenzen theoretisch einholen. Was als Pragmatismus bezeichnet wird, ist zunächst interdisziplinär zwischen Philosophie, Psychologie, Soziologie und Pädagogik, aber ebenso zwischen Sozialreform und institutionalisierter Wissenschaft angesiedelt. Es ist in erster Linie eine Philosophie des Handelns.

»Erste« und »zweite« Chicago-Schule

Mit Blick auf Chicago ist es möglich, von einer »ersten« und von einer »zweiten« Chicago-Schule der Soziologie bzw. der Sozialwissenschaften zu sprechen. Die erste Schule, verbunden mit den oben genannten Namen, erreicht ihren Höhepunkt zwischen 1915 und 1930, eine zweite Schule hat ihren größten Einfluss in der Nachkriegszeit des Zweiten Weltkriegs bis in die 1960er Jahre. Doch wie sinnvoll ist eine solche Trennung?

Es ist zunächst die Bedeutung, die der Schule im sozialwissenschaftlichen Feld zugesprochen wird. Unter der Regie von *Albion W. Small* (1854–1926), der mehr als Organisator und Gründer denn als Soziologe in Erinnerung geblieben ist und der sich ebenfalls für die Entstehung des American Journal of Sociology (AJS) verantwortlich zeichnen kann, entsteht das erste Department für Soziologie an der Universität in Chicago. Es ist gleichzeitig die Gründungsstätte des Pragmatismus und ein Ort intellektueller Umtriebigkeit. Die o. g. Interdisziplinarität ist hier philosophisch eingefasst, auch weil die heute gängige Fächerabgrenzung noch nicht so streng umgesetzt war. Zahlreiche Vertreter der Chicago-Schule hatten in Deutschland studiert, sodass Gedanken von Dilthey, Rickert, Windelband, des deutschen Historismus also, aber auch von Tönnies und Simmel aufgegriffen und weiterentwickelt wurden. Neben einer philosophischen und teilweise moralischen Grundlegung entstanden zu dieser Zeit aber bereits einschlägige empirische Studien, die sich mit Teilaspekten der rasanten Industrialisierung und Urbanisierung beschäftigten.

Verwiesen sei hier auf die bereits oben erwähnte Studie zu den polnischen Bauern und Amerika oder aber auf *Robert Ezra Park* (1864–1944), der bereits Ende der 1910er Jahre einige Studien zur Migration und zu den Race-Relations veröffentlichte (vgl. Park 1950). Methodologisch war die Ausrichtung der ersten Chicago-School gegen Spencers Positivismus, aber auch gegen den *Utilitarismus*, einer Lehre, die nach den Folgewirkungen von Handlungen und deren Nutzen fragt, gerichtet. Für den Pragmatismus sind zwar auch die Handlung sowie die Verknüpfung von mehreren Handlungen die Grundbausteine der Gesellschaft, hier stehen aber nicht Normen oder Ziele, sondern die Interaktionen im Fokus des Interesses.

Symbolischer Interaktionismus

Während die erste Chicago School durch den Übergang in ein professionalisiertes Wissenschaftsfeld gekennzeichnet ist, ist dieser Vorgang in der Nachkriegszeit abgeschlossen. Die Sozialwissenschaften in den USA sind etabliert und in Departments eingegliedert. Auch die zweite Chicago-Schule kann auf eine kritische Programmatik zurückgeführt werden, denn sie richtet sich explizit gegen den Strukturfunktionalismus Parsons' sowie gegen eine zunehmend quantitative und methodisch komplexe Sozialforschung, die einen Teil der sozialen Welt unberücksichtigt lässt und viel Energie auf die Entwicklung von Messinstrumenten setzt. Gegen die These von zwei Schulen spricht allerdings, dass auch in der Zeit nach dem Zweiten Weltkrieg auf Konzepte und Ansätze der frühen Phase, wie z. B. die von Mead, Dewey und Peirce zurückgegriffen wurde. Das kann kurz am Beispiel von *Herbert George Blumer* (1900–1987) aufgezeigt werden. Der Mead-Schüler entwickelt bereits Ende der 1930er Jahre den Ansatz des *symbolischen Interaktionismus*. Gegenwärtig ist dieser Forschungsansatz immer noch populär und wird von zahlreichen Sozialwissenschaftler*innen eingesetzt. Bei Blumer fließt ein Teil von Meads Theorien mit ein, so z. B. die Bedeutung des Austauschs von Symbolen für die Handlungen, die bei Blumer z. B. als Gesten interpretiert werden. Gesten bzw. angezeigte Symbole werden in der Interaktion interpretiert und rufen wiederum andere Gesten hervor. Auch hier sind es Handlungen, die eine zentrale Rolle einnehmen. Handlungen sind in diesem Ansatz allerdings nicht primär auf Normen oder Nutzen gerichtet, sondern erfolgen in Bezug auf die Bedeutung, die Dinge für die Handelnden besitzen. Soziales Handeln, auch kollektives Handeln, wird damit als Prozess begriffen. Erst im Verlauf dieses Prozesses wird die Bedeutung des Handelns für die Akteure ersichtlich. Anders gewendet bedeutet dies, dass Handlungen auf eine bestimmte Art und Weise erfolgen, weil, wie Blumer hervorhebt, Deutungsprozesse des Handelns auch selbstreflexiv, also auf den Akteur selbst bezogen werden können (vgl. Blumer 1973: 85). Spätestens damit wird ersichtlich, dass dem Akteur im symbolischen Interaktionismus Kreativität, Offenheit und Spontanität zugeschrieben werden. Ausgestattet mit diesen Merkmalen handelt er innerhalb einer symbolischen Ordnung der Welt.

Blumers Ansatz geht mit einer Reihe methodologischer Annahmen einher. Er versteht die empirische Welt als zentralen Bezugspunkt der Sozialwissenschaften. Wie auch in anderen Interpretationen des Pragmatismus wird der Empirie Primat zugesprochen. Die Wirklichkeit erscheine, so Blumer, im Hier und Jetzt (vgl. ebd.: 103), weshalb auch auf dieses Hier und Jetzt der Fokus der Forschung gerichtet sein soll. Daraufhin macht er deutlich, dass er mit seinen methodologischen Anmerkungen der in den 1960er Jahren vorherrschenden Tendenz, Methodologie auf quantitative Methodik zu verkürzen, entgegentreten will. Eine idealtypische Vorstellung des Forschungsprozesses fasst Blumer in vereinfachter Form zusammen (vgl. ebd.: 109). Ausgangspunkt ist hier ein bestehendes Bild von dem zu untersuchenden empirischen Gegenstand. Die Fragen, die an diesen Gegenstand gerichtet werden, sollen daraufhin in Form von Problemen formuliert werden. Im nächsten Schritt sollen die Mittel zur Erlangung der Daten festgelegt werden. Nach der Erhebung, dem Gang ins Feld, ist es die Aufgabe, die Beziehung zwischen den Daten zu bestimmen und letztlich die Ergebnisse zu interpretieren. Der komplette Forschungsprozess wird Blumer zufolge von theoretischen Konzepten begleitet, die sich auch wandeln können. In dieser allgemeinen Form bleibt allerdings der Einsatz sowohl qualitativer als auch quantitativer Methoden möglich.

Abduktion

Eine konkretere wissenschaftstheoretische Anleitung für den Forschungsprozess in der Sichtweise der Chicago School ist möglich, wenn man sich noch einmal dem Philosophen und Mathematiker Peirce zuwendet. Die Kreativität und Spontanität, die in der Handlungstheorie aufgehoben ist, findet sich ebenfalls in seinen wissenschaftstheoretischen Grundlegungen. Peirce diskutiert eine dritte logische Methode neben Induktion und Deduktion, die *Abduktion* (vgl. Keller 2012: 13). Dieser häufig unreflektiert in der Forschung ablaufende Prozess stellt eine *erklärende Hypothese* auf. Die beste Erklärung für einen Sachverhalt ist, Peirce zufolge, auch die wahrscheinlichste. Abduktion wird gelegentlich auch als geistesblitzartiges Erschließen bezeichnet und soll der Entdeckung oder »Erfindung« von neuen Hypothesen bzw. der Bewertung von Sachverhalten dienen. Auch wenn damit an den Instinkt des Forschenden appelliert wird, erfolgt die Abduktion auf dem gesicherten Boden wissenschaftlicher Verfahren, betont aber gleichzeitig, dass Forschung auch Neues hervorbringen soll. Ein Grund für die Notwendigkeit der Abduktion ist eine Unzufriedenheit mit klassischen logischen Erklärungen. Die Vorstellung einer objektiven Wahrheit ist Peirce zufolge kaum haltbar. Ähnlich wie Popper argumentiert er, dass wissenschaftliche Hypothesen nicht von empirischen Befunden deduziert werden können. Hypothesen sind so allenfalls zu akzeptieren.

Nach der Wendung zur eigenständigen Forschungsrichtung hat die Chicago-Schule noch weitere prominente Vertreter hervorgebracht, die mehr oder minder der Forschungstradition folgen. Zu nennen sind hier vor allem *Anselm Strauss* (1916–1996) und *Howard S. Becker* (geb. 1928). Nachfolgend soll allein auf Strauss kurz eingegangen werden, weil bei ihm der methodologische Standpunkt deutlich hervorgehoben wird. Strauss wurde in Chicago ausgebildet und war in den 1950er Jahren dort als Soziologe tätig. Als Schüler von Blumer besitzt er ein Interesse für den Interaktionismus, den er mit Sozialpsychologie und Soziolinguistik verbindet. Das 1959 auf Amerikanisch entstandene Werk »Spiegel und Masken« (1974) ist eine Studie zur Identität, die in der Interaktion entsteht. Strauss greift damit ein Thema auf, welches schon Mead 1934 in seinem klassischen Werk »Geist, Identität und Gesellschaft« (1968) betrachtete: die Entstehung von Identität im Wechselspiel von persönlichem und sozialem Ich (-Bild)! Strauss' Werk ist ein Plädoyer, Sozialpsychologie und sozialen Interaktionismus näher zusammenzuführen, da beide von einer Zusammenarbeit profitieren. Tatsächlich fällt dieses Bemühen von Strauss in eine Zeit, in der die Sozialpsychologie in den USA einen Auftrieb bekommt und einen Platz im Kanon der Sozialwissenschaften beansprucht. In den 1950er Jahren erscheinen einige, mittlerweile klassische, sozialpsychologische Studien, die z. B. den Gruppenzwang zum Thema haben und durch einen deutlichen soziologischen Einschlag gekennzeichnet sind (vgl. Gergen 2011). Eine Verknüpfung von Soziologie und einer bestimmten Spielart der Psychologie war schon in der frühen Chicago School angelegt, und zwar dann, wenn Sozialpsychologie sich zur Aufgabe machte, aufzuzeigen, wie soziale Beziehungen Emotionen, Kognitionen und Verhalten des Individuums beeinflussen. Auch die kritische Theorie im amerikanischen Exil gab mit ihren Studien zum »autoritären Charakter« (Horkheimer/

Flowerman 1950) ein Beispiel für die Verknüpfung von Sozialpsychologie und Soziologie. Ebenso populär und heute nach wie vor diskutiert ist auch die Studie von David Riesman zur »Einsamen Masse« (1950), in der er idealtypisch den Wandel des amerikanischen Charakters in der modernen Gesellschaft darstellt.

Grounded Theory

Strauss wechselt in den 1960er Jahren in den medizinisch-psychiatrischen Bereich, auch seine interaktionistische Soziologie nimmt eine andere Wendung. In den 1970er Jahren (vgl. Schatzmann/Strauss 1973) legt er einen Leitfaden für die sozialpsychologische Feldforschung vor, der zwischen Anthropologie und Pragmatismus anzusiedeln ist. Bereits der amerikanische Untertitel »Strategies for a Natural Sociology« deutet darauf hin, dass soziale Prozesse in ihrem natürlichen Kontext untersucht werden sollen. Aus methodologischer Perspektive ist allerdings ein Werk von Strauss von großer Bedeutung, das dieser zusammen mit Barney Glaser an der University of California entwickelte und 1967 veröffentlichte. Die sogenannte »Grounded Theory« führt einen Grundgedanken des Pragmatismus weiter: den Primat der Empirie. Ausgangspunkt sozialwissenschaftlicher Forschung ist in diesem Verständnis die empirisch messbare Wirklichkeit. Die Skepsis gegenüber großen Theoriesystemen bleibt auch in der Grounded Theory tonangebend. Eine solche Skepsis kann aber, wie schon bei Blumer, auch als Hinweis für eine Kluft zwischen Theorie und Empirie verstanden werden. Wie ist das aber genau zu verstehen?

Theorie und Empirie

Glaser und Strauss verweisen auf ein Problem, das sich zugespitzt folgendermaßen darstellt: Auf der einen Seite sind Theorien angesiedelt. Diese sind abstrakt, allgemein und systematisch, haben aber nur wenig Bezug zur empirischen Praxis. Auf der anderen Seite finden sich unzählige empirische Einzelstudien, die konkrete Sachverhalte festhalten, aber kaum theoretisch und systematisch rückgebunden sind. Wie sind diese beiden Bereiche zusammenzubringen? Eine klassische Antwort ist die, dass Theorien mit Blick auf die empirische Überprüfung entwickelt werden sollen. Die Grounded Theory geht allerdings davon aus, dass mit einer Verifizierung von Theorien das Problem der Kluft nicht gelöst ist, denn sicherlich finden sich Fälle, die eine Theorie bestätigen, dem Problem ist aber aus ihrer Sicht nicht mit einer reinen logisch-deduktiven Forschung beizukommen. Sie schlagen daher einen anderen Weg vor, nämlich die Entwicklung von Theorien im Prozess der Sozialforschung selbst. Eine solche theoriegenerierende Forschung wird von Strauss und Glaser als Erneuerung der qualitativen Sozialforschung verstanden, wobei die Autoren betonen, dass prinzipiell kein Gegensatz von quantitativer und qualitativer Forschung besteht (vgl. Strauss/Glaser 1998: 26). Mit dem Anspruch der systematischen Gewinnung von Theorie aus den in der Sozialforschung gewonnenen Daten (vgl. ebd.: 13) zielen die Autoren auf eine bestimmte Form von Theorie ab, nämlich auf eine Sozial- bzw. Handlungstheorie, eine Theorie mittlerer Reichweite im Sinne von Merton. Grundlage für eine solche Theorie sind gegenstandsbasierte Kategorien und Konzepte, die aus dem Datenmaterial gebildet werden. Die Überbrückung der Theorie-Praxis-Kluft kann den Autoren zufolge gelingen, wenn die Theorie nicht mehr von dem Prozess getrennt wird, in dem sie entsteht. Damit wird die Art und Weise, wie eine Theorie gewonnen wird, zu einem Qualitätskriterium in Bezug auf ihre empirische Aussagekraft (vgl. ebd.: 15). Mittlerweile hat die Grounded Theory selbst eine Weiterentwicklung erfahren, sodass sie nunmehr in unterschiedlichen Spielarten, von denen sich einige von dem Ursprungsgedanken induktiver, qualitativer Forschung absetzen, existiert.

Stellt die Chicago-Schule nun ein eigenständiges Paradigma dar? Einige der oben genannten Kriterien sprechen dafür. Es hat sich aber mittlerweile durchgesetzt, sie als Schule zu behandeln, die ihren wissenschaftstheoretischen Kern des Pragmatismus an zahlreiche Schüler weitergegeben hat. Die Verwandtschaft ihres Erkenntnisinteresses mit dem anderer Handlungs- und Interaktionstheorien macht es möglich, sie in das Feld der interpretativen Ansätze einzuordnen.

Phänomenologie

Einige Ansätze, die ebenfalls an sozialen Handlungen interessiert sind, beziehen ihre Grundlagen aus der Philosophie *Edmund Husserls* (1859–1938). Selbstverständlich ist dies nicht die einzige Quelle, sie diente immer wieder als Referenz und Ideengeber. Husserl, Mathematiker und Philosoph, als Professor für Philosophie in Göttingen und Freiburg tätig, entwarf zu Beginn des 20. Jahrhunderts eine neue Philosophie mit dem Namen *Phänomenologie*. Sein Werk ist umfangreich und umfasst mehr als 40 Bände in der Gesamtausgabe. Allerdings sind Husserls Schriften schwer zugänglich, nicht in erster Linie aufgrund des Alters, sondern aufgrund der Sprache. Dennoch war und ist die Phänomenologie von kaum zu überschätzender Wirkung auf die Philosophie, aber auch über sie hinaus. Husserl ist nicht der einzige Vertreter dieser philosophischen Spielart, aber er kann reklamieren, als ihr Erfinder zu gelten. Neben Husserls Mitarbeiterin *Edith Stein* (1891–1942) und seinem auf Stein folgenden Assistenten *Martin Heidegger* (1889–1976) ist z. B. *Max Scheler* (1874–1928) als prominenter Vertreter einer ersten Generation an Phänomenolog*innen zu nennen.

Phänomenologie, wörtlich die Lehre von den Erscheinungen, erhält bei Husserl, im Gegensatz zu früheren Verwendungen des Begriffs, im Laufe der Zeit immer klarere Konturen. Phänomenologie ist für Husserl eine Philosophie des Erkennens bzw. eine Philosophie, die sich dem Vorgang der menschlichen Erkenntnis zuwendet. »Phänomenologie bezeichnet [...] vor allem eine Methode und Denkhaltung: die spezifisch philosophische Denkhaltung, die spezifisch philosophische Methode« (Husserl 1950: 23). Mit Blick auf das komplexe Theoriegebäude der Phänomenologie ist es sinnvoll, sich nachfolgend auf einige wesentliche Stichpunkte sowie auf die wissenschaftstheoretische Stoßrichtung der Phänomenologie zu beschränken.[9]

Husserl interessiert sich für das »Was« und das »Wie« des subjektiven Erlebens und Erfahrens. Damit betreibt er aber keine Psychologie, sondern greift die in der Philosophie sehr alte Frage nach dem Verhältnis zwischen Sein und Bewusstsein auf. Mit der Antwort der Phänomenologie auf diese Frage wird ein radikaler Schritt vollzogen, denn sie geht dazu auf das Bewusstsein des Subjekts zurück. Und zwar auf das Subjekt, welches sich in der sogenannten »relativ natürlichen Weltanschauung« – einem Begriff von Scheler – befindet. Diese natürliche Weltanschauung ist durch das Hier und Jetzt eines wachen Zustands gekennzeichnet, in dem ein kontinuierlicher Bewusstseinsstrom fließt. Es ist nicht die Welt des Traumes, des Romans oder der logisch-rationalen Wissenschaft. Die Frage nach dem »Wie« der subjektiven Erfahrung muss also an den Mechanismen des Bewusstseins ansetzen, die Frage nach dem »Was« rückt hingegen die Dinge und Sachen, die Phänomene in den Fokus. Wenn es eine Sentenz gibt, die der Phänomenologie Husserls zugeschrieben wurde, dann ist es: »Zurück zu den Sachen selbst«. Damit wird auf Beschreibungen von Phänomenen strikt aus Perspektive des Subjekts abgezielt. Nicht Vorannahmen, Meinungen (anderer Philosophen), Urteile oder objektiver wissenschaftlicher Sinn, sondern die Dinge, wie sie dem Subjekt in Erfahrung treten, sind das Ziel. Die Methoden, die Husserl im obigen Zitat anspricht, dienen somit der Analyse von Bewusstseinsprozessen u. a. in der Absicht, die subjektiven Sinngrundlagen zu klären, die Grundstruktur dieser Sinngebung aufzuschließen sowie die Intentionalität des Bewusstseins, also die Beziehung zwischen Bewusstsein und Wahrgenommenem, offenzulegen.

Subjektive Erfahrung

Wissenschaftstheoretisch ist Husserls Phänomenologie ebenso gegen den Positivismus gewendet wie gegen die Mathematisierung und Rationalisierung der modernen Welt. Seine oben bereits erwähnte Abhandlung zur Krisis der europäischen Wissenschaften bringt diese Position deutlich zutage. Während der Positivismus logische Verfahren zur Bestimmung von Wahrheit als unabdingbar ansieht, wendet Husserl sich der subjektiven Erfahrung und den Dingen selbst zu, nicht also wissenschaftlichen Abstraktionen oder Modellen. In den letzten 100 Jahren hat die Phänomenologie eine vielschichtige Weiterentwicklung erfahren. In Frankreich, aber auch in den USA existieren eigenständige und einflussreiche Strömungen, in Deutschland sind gegenwärtig vor allem *Bernhard Waldenfels* und die »neue Phänomenologie« von *Herman Schmitz* (1928–2021) von Einfluss und Bedeutung. Interessanterweise ist es aber vor allem Husserl und nur selten z. B. die französische phänomenologische Schule um *Emmanuel Levinas* (1905–1995), *Maurice Merleau-Ponty* (1908–1961) oder *Paul Ricoeur* (1913–2005), auf die sich die Sozialwissenschaften beziehen.

Warum aber ist die Phänomenologie nun für die Sozialwissenschaften überhaupt von Interesse? Mit ihrem Rekurs auf die subjektive Wahrnehmung und auf die unmittelbare Erscheinung von Phänomenen, die sie methodisch-reflexiv beschreiben will, ist die Phänomenologie interdisziplinär anschlussfähig. So ist ihr Erkenntnisinteresse z. B. auch in der Medizin auf positive Resonanz gestoßen. Die Bedeutung für die Sozialwissenschaften, die sich vornehmlich mit der sozialen Welt auseinandersetzen, kann allerdings nicht primär in einer egologischen Analyse des Bewusstseins liegen. Richtig ist zwar, dass ein Perspektivenwechsel auf die typisierte Wahrnehmung des Subjekts auch für sozialwissenschaftliche Fragestellungen von Interesse sein kann, der Einstiegspunkt gelingt aber vor allem über die Kategorien der *Lebenswelt*, des *Wissens*, und des *Sinns*.

Lebenswelt, Wissen, Sinn

Der Begriff der Lebenswelt wird bereits von Husserl eingeführt. Sie markiert einen bestimmten Ausschnitt der Welt, sozusagen die

Normalität des Alltags, die durch Vertrautheit, Gewohnheit und Routinen geprägt ist. Entscheidend ist, dass die Lebenswelt sozial, zeitlich und räumlich strukturiert ist und sich daher dem Handelnden auf eine bestimmte Art und Weise darstellt. Durch Auslegungen und Erfahrungen, die in der Lebenswelt erfolgen, können verschiedene Formen von Wissen, wie z. B. Handlungswissen, also Antwort auf die Frage, wie etwas im Alltag zu bewältigen ist, angesammelt werden. Dieses subjektive Wissen ist vor allem durch biographische Erfahrungen geprägt. Genau wie Erlebnissen wird Handlungen erst reflexiv Sinn zugeschrieben, dies geschieht mit Bezug auf einen zuvor entwickelten Handlungsentwurf. Der so entstandene Sinn ist zunächst also auch rein subjektiv, aber Grundlage für jede Form von Erfahrung.

Diese drei Schlüsselbegriffe – Lebenswelt, Sinn und Wissen – finden sich auch beim Soziologen *Alfred Schütz* (1899–1959) an zentraler Stelle. Schütz übernimmt viel von Husserl und entwickelt dessen Phänomenologie weiter, sodass diese jetzt auf die verschiedenen Ebenen des Sinns – subjektiver und objektiver Sinn, der sich in Bezug auf das Handeln noch einmal differenzieren lässt – zugeschnitten und für die Analyse der sozialen Welt geeignet ist. Schütz' einziges zu Lebzeiten erschienenes Buch trägt den Titel »Der sinnhafte Aufbau der sozialen Welt« (1932) und ist zwischen Phänomenologie auf der einen und einer Analyse der Lebenswelt auf der anderen Seite angelegt. Blickt man nur auf die ersten drei Abschnitte des Werks, dann bietet Schütz hier eine mehr oder minder reine Phänomenologie, die das Fremdverstehen, die Entstehung von Sinn und dessen Bezug zum Handeln analysiert. Schütz bleibt in der Analyse auf der Ebene des Bewusstseins. Erst der vierte und der fünfte Abschnitt des Buches widmen sich einer Strukturanalyse der sozialen Welt und schichten diese z. B. in verschieden nahe, räumliche-soziale Bereiche auf. Aber auch hier ist die Perspektive die aus dem Bewusstsein heraus. Es dreht sich also um die Frage, wie die Struktur der sozialen Welt subjektiv erlebt wird.

Diese Perspektive hat zu einer Diskussion geführt, wo das wissenschaftliche Werk von Schütz zwischen Philosophie und Soziologie einzuordnen ist. Handelt es sich hierbei allein um eine Sozialphänomenologie, eine Proto-Soziologie, oder ist der Anspruch der einer »verstehenden Soziologie«, wie der Untertitel des Werks behauptet? Auch wenn Schütz seine Theorie aus dem Blickwinkel des wahrnehmenden Subjekts formuliert, ist sein Ausgangspunkt eine Kritik an Max Webers Sinnbegriff, der ihm nicht differenziert genug scheint, und damit auch an seiner Handlungstheorie. Das von Schütz nie vollendete, aber vollständig konzipierte und schließlich von *Thomas Luckmann* (1927–2016) bearbeitete und herausgegebene Werk »Strukturen der Lebenswelt« (Schütz/Luckmann 2003) macht dieses Anliegen deutlicher. Das Buch ist eine luzide Ausarbeitung der einzelnen Schichten der Lebenswelt, im Gegensatz zum ersten Werk erfährt die soziale Welt hier eine umfassendere, nicht nur egologische Darstellung. Das Wissen wird als subjektiv verankerter Wissensvorrat, aber eben auch in Beziehung zur Gesellschaft analysiert, sodass dessen gesellschaftliche Bedingtheit deutlich wird. Lebenswelt wird als Bereich sozialer Praxis und damit als Handlungstheorie, sowohl im Ausgang als *subjektiver Handlungsentwurf* wie auch als *gesellschaftliches Handeln* dargestellt. Schließlich eröffnen Schütz und Luckmann mit ihrer Theorie der Lebenswelt den Sozialwissenschaften die Möglichkeit sich mit dem *Alltag* auseinanderzusetzen, der aber nicht wie andere Teile der sozialen Welt als Problem, sondern als Grundlage für das soziale Handeln und als die unmittelbare Erfahrung der Welt in Erscheinung tritt. Mit ihrem Bemühen, die Konstitution von Erfahrung im Alltag bzw. in der Lebenswelt aufzuzeigen, nimmt die phänomenologische Soziologie eine besondere Stellung innerhalb

Alltag

des Feldes der interpretativen Ansätze ein, die nah an der Philosophie Husserls orientiert ist, aber gleichzeitig eine Theorie des Handelns anbietet. Wissenschaftstheoretisch positioniert sich Alfred Schütz eindeutig. Er sieht zwar basale wissenschaftstheoretische Gemeinsamkeiten von Natur- und Sozialwissenschaften, findet aber den Einfluss der Naturwissenschaften auf die Fragen der Sozialwissenschaften bedrohlich (vgl. Schütz 2010).

Ein Klassiker der modernen Soziologie, *Peter L. Bergers* (1929–2017) und Thomas Luckmanns »Die gesellschaftliche Konstruktion der Wirklichkeit« (1969), nimmt ebenfalls den Alltag zum Ausgangspunkt einer nunmehr aber wissenssoziologischen Analyse. Mit der Annahme, dass Wissen im Alltag begründet ist, schließen die Autoren nicht nur direkt an Schütz an, sondern vollziehen gleichzeitig einen Umbau hin zu einer Wissenssoziologie. Stand bei Schütz das Wissen noch zwischen Handlungs- und Bewusstseinstheorie, sodass deutlich gemacht werden konnte, dass Handeln immer auf Sinnhaftigkeit beruht, wird Wissen bei Berger und Luckmann zur zentralen Kategorie. Ihre neue Wissenssoziologie erhält allerdings einen anderen Zuschnitt als die klassische Variante von Karl Mannheim u. a. Träger des Wissens der neuen Wissenssoziologie ist nicht mehr ein Kollektiv, wie z. B. Kirchen, politische Strömungen oder Gruppen, sondern das einzelne Subjekt. Mit Berger nimmt auch die Gesellschaft wieder Einzug in die Theorie, die bei Schütz ja eher eine randständige Position innehatte. Gesellschaft ist in dieser neuen Wissenssoziologie sowohl objektive als auch subjektive Wirklichkeit.

Sozialkonstruktivismus

Der Schlüssel- und Verzauberungsbegriff, der seit Berger und Luckmann eine Erfolgsgeschichte in den modernen Sozialwissenschaften gefeiert hat, ist der Konstruktivismus bzw. *Sozialkonstruktivismus*. Konstruktivismus besagt vereinfacht, dass im Vorgang des Erkennens der Gegenstand erst konstruiert, also gebildet wird. Konstruktivismus existiert in verschiedenen Spielarten in der Wissenschaftstheorie und Philosophie und führt mitunter zu radikalen und verwirrenden Annahmen wie z. B. der, dass die Wirklichkeit allein erfunden und nicht die »objektiv vorfindbare« Wirklichkeit ist. Zur Lösung dieses Problems wäre hier sicherlich zuerst zu klären, was diese objektiv vorfindbare Wirklichkeit ist und wie es möglich ist, in einer konstruierten Welt die Konstruktionen zu durchschauen. Das sind allerdings Fragen der Philosophie. Bei Berger und Luckmann nimmt der Sozialkonstruktivismus eine etwas abgewandelte Form an: Ihre Annahme besagt, dass, was wirklich ist, gesellschaftlich definiert bzw. sozial konstruiert ist. Nach dieser Auffassung können auch innerhalb einer Gesellschaft verschiedene Wirklichkeiten nebeneinander existieren. Allerdings macht der Titel bereits deutlich, dass es sich um die Wirklichkeit und nicht allein um die soziale Wirklichkeit handelt. Der Sozialkonstruktivismus geht damit über die soziale Welt hinaus und bezieht Natur, Gegenstände und Objekte mit ein.

Ein sozialkonstruktivistisches Moment ist bereits in der Theorie von Alfred Schütz angelegt, wenn dieser von mannigfaltigen Wirklichkeiten (vgl. Schütz 1971) spricht und damit deutlich machen will, dass verschiedene Wirklichkeitsbereiche existieren, in denen nicht die oben genannte relativ natürliche Welteinstellung, sondern andere Bewusstseinsspannungen und andere Sinnstrukturen vorherrschend sind. Zu verweisen ist in diesem Zusammenhang auf die Welt des Traumes, die Welt des Romans oder auf die Welt der Wissenschaft. Geht man noch ein Stück weiter zurück, dann wird die Verbindung der phänomenologischen Ansätze mit einigen Ideen der Chicago School offensichtlich. Neben dem Psychologen William James, auf den sich auch Schütz bezieht, findet man bei William Isaac Thomas, die viel zitierte »Definition der Situation«, die auch als »Thomas-Theorem« bekannt geworden ist: »if men define situations as real, they are real in their consequences« (Thomas/Thomas 1928: 572). Wissenschaftstheoretisch ist der Sachverhalt, dass die Definition einer Situation als wirklich auch wirkliche Konsequenzen hervorruft, eher problematisch, denn damit wird auf das Problem eines Bias-Effekts im Forschungsprozess verwiesen. Dieser Effekt führt durch eine verzerrte Annahme im Denken womöglich auch dazu, dass die Ergebnisse verzerrt sind. In Bezug auf den Alltag schlägt das Thomas-Theorem aber eine Brücke zum Konstruktivismus.

Objektivation, Institutionalisierung und Internalisierung

In der Theorie von Berger und Luckmann ist Wissen sowohl als objektivierter wie auch als gesellschaftlich vermittelter Sinn präsent. Damit ist auf eine Bewegung des Wissens vom Subjekt zur Gesellschaft und wieder zurück verwiesen. Zur Erklärung dieses Vorgangs ziehen Berger und Luckmann eine Dialektik heran, die aus den Schritten Objektivation, Institutionalisierung und Internalisierung besteht. Schaut man sich diesen Vorgang genauer an, wird das Thomas-Theorem als Bestandteil dieses Prozesses erkennbar. Wird etwas für wahr gehalten, dann lässt es sich z. B. durch Sprache objektivieren. Der nächste Schritt der Institutionalisierung verfestigt das Wissen im Gesellschaftsgefüge und stellt es sozusagen auf Dauer. Dazu muss es sozial geteilt und akzeptiert werden. Der letzte Schritt der Internalisierung gibt das Wissen wieder auf die Ebene des Subjekts zurück. In der Wissenssoziologie von Berger und Luckmann steht so Wissen zwischen Individuum und Gesellschaft, zwischen persönlicher Identität und Gesellschaftsstruktur (Berger/Luckmann 1969: 198). Die Verfasser legen eine Theorie der prozessualen Herstellung von Wissen dar. Der sozialkonstruktivistische Einschlag in ihrer Wissenssoziologie führt aber auch zu einer Vervielfältigung konkurrierender Wirklichkeiten, da z. B. das Auslegen einer Situation unterschiedlich erfolgen kann.

Ethnomethodologie

Eine weitere Strömung, die sich explizit auf Schütz, Husserl aber auch auf die klassische Wissenssoziologie und auf andere Phänomenologen stützt, ist die *Ethnomethodologie* (EM). Der etwas sperrige Name ist eine Wortneuschöpfung, die Zusammensetzung von Ethno und Methoden. Bereits damit soll auf das Kerninteresse hingewiesen werden, Methoden, die von den Menschen im Alltag eingesetzt werden, zu untersuchen. Die Anlehnung des Wortes an Ethnologie oder Ethnographie ist dabei bewusst gewählt, denn auch hier stehen ja die Praktiken des Menschen im Fokus. Der Name ist wie die Programmatik eine Erfindung von *Harold Garfinkel* (1917–2011) und stellt in gewisser Hinsicht eine Radikalisierung des Ansatzes von Schütz dar. Aber selbst wenn die Phänomenologie von Schütz prägend für Garfinkel ist – er war Schüler von Schütz und *Aron Gurwitsch* (1901–1973), einem in Frankreich ausgebildeten Phänomenologen, an der New School in New York – ist die Ethnomethodologie eigenständig. Neben Garfinkel ist, vor allem für die Gründungsphase der Ethnomethodologie der amerikanische Soziologe *Aaron Cicourel* (geb. 1928) von Bedeutung.

Die Ethnomethodologie führte lange Zeit eine Existenz außerhalb des Mainstreams der Soziologie, ihr Verhältnis zu den akademisch etablierten Spielarten ist durch wechselseitige Kritik und zum Teil durch offene Ablehnung geprägt. Diese marginale Position innerhalb des Wissenschaftsfelds führt u. a. dazu, dass lange Zeit maßgebliche Publikationen wie z. B. empirische Studien nur als graue Literatur existierten und als Kopien in den sozialwissenschaftlichen Departments der Universitäten von Santa Barbara und Los Angeles zirkulierten. Diese Position der Abgrenzung ist heute noch in einigen Grundbegriffen, die in den Sozialwissenschaften nicht geläufig waren, aber auch im sprachlichen Ausdruck nachzuvollziehen.

Worin besteht aber nun die Radikalität der Ethnomethodologie? Programmatisch lässt sich die Ausrichtung der EM auf drei Säulen zurückführen: den Primat der *Alltagsperspektive*, den Fokus auf die *Praktiken der Akteure* in diesem Alltag und auf ein *Erkenntnisinteresse*, welches von der etablierten Sozialforschung keine Berücksichtigung fand. Der Fokus auf den Alltag wird von nahezu allen Ansätzen innerhalb des interpretativen Paradigmas geteilt, bei der EM erfährt er aber einen strengeren Zuschnitt. Der Alltag ist in der Auffassung der EM auch für andere – außeralltägliche – Bereiche grundlegend, eine Trennung von alltäglichem und außeralltäglichem Handeln ist vor diesem Hintergrund wenig zielführend. Die *fait social*, soziale Tatsachen im Sinne von Durkheim, gehen – diesen Annahmen folgend – erst aus den Praktiken des Alltags hervor. Das bedeutet aber auch, in der Logik der EM, dass den Makrophänomenen Alltagspraktiken vorausgehen.

Alltagspraktiken

Das Kerninteresse der EM ist auf die Praktiken, die im Alltag vollzogen werden, gerichtet. Diese Praktiken sind auch immer ein methodisches Handeln, denn wie bereits die Phänomenologie aufgezeigt hat, handeln die Akteure auf Grundlage von Wissen, wie z. B. dem, wie ein Ziel zu erreichen ist. Doch bereits hier hakt die EM nach und fragt, wie alltägliche Dinge gewusst und begründet werden. Häufig stellt sich heraus, dass eine Begründung kaum oder nur schwer möglich ist. Dennoch existiert ein »common-sense-reasoning«, ein Wissen über alltägliche Dinge und Abläufe, von denen jeder weiß, wie sie üblicherweise getan werden. In solchen Alltagsroutinen sieht die EM eine grundlegende Ordnung aufgehoben, die von den Akteuren, aufgrund ihrer Fragilität, immer wieder hergestellt, interpretiert und bestätigt werden muss. Das Interesse lässt sich konkretisieren: Es geht um Praktiken, »mittels derer die Handelnden in den unvermeidlich partikularen Handlungssituationen soziale Ordnung generieren und sich wechselseitig anzeigen« (Bergmann/Meyer 2021: 47). Die »Definition der Situation«, um den Passus der Chicago School einmal aufzugreifen, stellt also eine immer wiederkehrende Aufgabe im Alltag dar.

Mit diesem Fokus auf die Alltagspraktiken und Methoden setzt die EM grundlegender als andere Sozialwissenschaften an. Das

Selbstverständliche, das hier zur Debatte gestellt wird, ist für andere – zumindest in den 1950er und 1960er Jahren – kaum von Interesse. Es ist daher nicht verwunderlich, dass das Anliegen der EM zunächst ignoriert oder abgelehnt wurde und teilweise zum offenen, böswilligen Streit ausartete, wie die Besprechung des Rational-Choice-Theoretikers Coleman von Garfinkels 1967 erschienenen »Studies in Ethnomethodology« zeigt (vgl. Coleman 1968).

Garfinkel betont ein eigenständiges Erkenntnisinteresse der EM. Es gibt Dinge, so Garfinkel (vgl. 1996: 8), auf die eine *formale Analyse* – damit zielt er auf die standardisierten und formalisierten Verfahren der Sozialforschung ab – keinen Zugriff haben: most ordinary, organizational things (vgl. ebd.). EM ist in diesem Verständnis nicht eine Alternative für herkömmliche, standardisierte Sozialforschung, sondern tritt mit dem Anspruch auf, neue alltägliche, prozessuale, am Zeitverlauf orientierte Beschreibungen zu geben. Dazu benötigt sie allerdings keine wissenschaftlichen Interpretationen oder Verweise auf die symbolische Bedeutung von Handlungen, die von der EM gegebene Erklärung ist deckungsgleich mit den aufgezeigten Methoden der Akteure.

In dieser Programmatik ist eine Kritik an Talcott Parsons, aber auch an anderen Handlungstheorien zu erkennen. Garfinkel, Ende der 1940er Jahre Schüler und Assistent von Parsons in Harvard, geht davon aus, dass Handeln nur begrenzt von außen vorgegeben ist. Er wendet sich gegen deterministische und behavioristische Akteurmodelle. Bekannt geworden ist in diesem Zusammenhang der Ausdruck des »cultural dope«, mit dem die starre Orientierung an Normen und Zielvorgaben als Grundlage des Handelns kritisiert wird.

Konversationsanalyse, Indexikalität

Die EM untersucht die Alltagspraktiken auch hinsichtlich ihrer sprachlichen Interaktion. Auch hier entwickelt sie einen eigenständigen Ansatz, die *Konversationsanalyse,* die eine Zeit lang von großer

Bedeutung war, sodass Garfinkels Programm zeitweilig als Ethnomethodologie *und* Konversationsanalyse bezeichnet wurde. Der Grundgedanke ist der, dass im Sprachgebrauch strukturelle Merkmale der Gesellschaft widergespiegelt werden und dass darüber hinaus mittels Sprache Auskunft darüber gegeben werden kann, wie die Akteure zu Handlungsentscheidungen gelangen.

Allgemein gewendet werden Sprachverhalten und Sprachgebrauch von der EM als Momente der Interpretation und Beschreibung der Welt angesehen und daher mit in ihre Analysen einbezogen. Der von ihr geprägte, aber bereits von Charles S. Peirce entwickelte Begriff der *Indexikalität* betont, dass sprachliche Äußerungen nur in einem bestimmten Kontext genau zu verstehen sind und die Sprache so immer von einer situativen Vagheit geprägt ist. Auch in den Sozialwissenschaften bleibt nach der Auffassung der EM das Problem der Indexikalität bestehen. Genau wie Zeichen auf einen Kontext verweisen, in den sie eingebettet sind, verweisen Handlungen im Sinne eines Indexes auf den Kontext ihrer Handlungen, aber auch auf die Handlung und Situation übergreifende Muster. Es ist vor allem *Harvey Sacks* (1935–1975), der in seiner Zeit an der UCLA die Konversationsanalyse in die EM einbringt. Auch das spätere Werk Aaron Cicourels greift die Analyse der Zusammenhänge von Sprache und sozialer Interaktion auf.

»doing«

Während das Buch »Studies in Ethnomethodology« 1967 der soziologischen Community Rätsel aufgab (vgl. Meyer/Bergmann 2021: 15 ff.), ist die EM gut 50 Jahre später im Feld der Sozialwissenschaften angekommen. Zwar sind empirische Forschungen, die als Krisenexperimente die Regeln des Alltags bewusst brechen, kaum noch zu finden, hingegen ist die Einnahme einer Position, die mit dem Blick des Fremden auf die soziale Welt schaut, etabliert und durch unzählige Forschungen verbürgt. Gegenwärtig sind zahlreiche Anknüpfungspunkte zu erkennen. Neben zahlreichen methodologischen Kunstgriffen der EM, die hier nicht alle Erwähnung finden können, ist der Passus des »doing« in fachwissenschaftlichen Publikationen kaum zu übersehen. »Doing sociology« oder »doing gender« lassen erkennen, dass es sich um einen Praxisbezug handelt. Die Idee, die aus der EM stammt, will mit der Betonung des »doing« zeigen, dass es sich um eine alltägliche Praxis handelt, die auf eine bestimmte Art und Weise vollzogen wird. Der »practical turn« (vgl. Corsten 2020), der in der Sozialtheorie der letzten 20 Jahre vollzogen wurde und auf soziale Praktiken als Grundmuster der sozialen Welt abzielt, profitiert von den Arbeiten der EM.

Methoden der EM

Neben den Methoden der *teilnehmenden Beobachtung*, welche die Ethnomethodologie von der Ethnologie entlehnt, erfährt die von Mannheim entworfene *dokumentarische Methode* für die Forschung eine große Beachtung. Hierbei geht es, vereinfacht gesagt, darum, Muster aufzuzeigen, für die ein Phänomen ein typisches Beispiel darstellt. Handlungen und Interaktionen stehen in diesem Sinne als Dokumente für etwas. Sie verweisen als Zeugnisse auf Muster auf einer höheren gesellschaftlichen Ebene. Ganz in der Logik der EM tritt damit wieder das »Wie« einer Praxis in den Fokus, nicht das »Was«, das Ergebnis, welches für Akteur und Beobachter meist unsichtbar bleibt. Die Methode der Dokumentation bedeutet aber auch ganz praktisch gewendet, dass die Dinge des Alltags in Ordnung gebracht werden. Die Methoden, die im Alltag angewandt werden, sind im Verständnis der EM nicht von den Methoden der Sozialwissenschaften zu trennen. Damit ist die Besonderheit markiert, die sie von anderen Ansätzen im gemeinsamen methodologischen Rahmen des Sozialkonstruktivismus unterscheidet.

Es ist üblich, auch *Erving Goffman* (1922–1982) ins Feld des interpretativen Paradigmas einzusortieren. Auch wenn die Darstellung sich an Schulen und Strömungen orientiert, die ein Paradigma bilden, kann an Goffman aufgezeigt werden, dass Zuordnungen Grenzen haben. Richtig ist, dass Interaktion und Interpretation wichtige Bausteine in Goffmans Soziologie darstellen, aber genau so richtig ist auch, dass Goffman ein Solitär in der Soziologie ist, der sich einer exakten Einordnung in eine Schublade entzieht. Zwar studiert er von 1945 bis 1949 in Chicago bei *Everett C. Hughes* (1897–1983) und *W. Lloyd Warner* (1898–1970), in seinem Werk sind Einflüsse der Chicago School, aber auch der Phänomenologie zu finden, doch sperrt es sich gegen eine eindeutige Zuordnung. Goffman genießt Popularität auch über die Fachgrenzen hinaus, eine Schulbildung gab es aber nicht. Die Schwierigkeit der Zuordnung zeigt bereits ein kurzer Blick auf die Themen, die er aufgegriffen hat. Goffman hat sich u. a. mit Interaktionsritualen, der Darstellung und Herstellung von Identität und dem Selbst im Alltag, mit der Interaktion und Darstellung von Geschlechtern, mit Stigmatisierung, Körperlichkeit, mit sozialen Situationen psychiatrischer Patienten sowie mit totalen Institutionen beschäftigt. Grundlage für zahlreiche Veröffentlichungen zu diesen Themen sind empirische Untersuchungen bzw. länger anhaltende Feldforschungen. Die Theorie ist den empirischen Untersuchungen auch in diesem Fall nachgeordnet. Goffmans Ansatz kann dem Bereich der Mikrosoziologie und der qualitativen Sozialforschung zugeschlagen werden. Allerdings stand dieser mittlerweile etablierte Bereich zu Goffmans Zeiten noch in Konkurrenz zur Makrosoziologie und zur quantitativen Forschung.

Frames

Goffmans Ausgangspunkte sind breit angelegte ethnographische Studien, in denen der Forscher den analytischen Blick des Fremden einnimmt und unmittelbar die natürlichen Abläufe der Akteure verfolgt. In einem zweiten Schritt erfolgt die Strukturierung und Typisierung des Datenmaterials. Der dritte Schritt besteht aus Klassifizierungen und führt Goffman zu analytischen Konzepten, die dann weiter systematisiert und strukturiert werden können. Das ist eine verbreitete Vorgehensweise, die von vielen Vertretern dieser Forschungsrichtung akzeptiert wird. Raab sieht Goffman zumindest teilweise an Weber orientiert, indem er dessen methodologische Prämissen, ja die Grundsätze der modernen qualitativen Sozialforschung überhaupt anerkennt: Offenheit, Distanz, Skepsis. Im Detail meint das, »strukturelle Offenheit bei gleichzeitig zu wahrender Distanz gegenüber dem Forschungsgegenstand sowie unaufhebbare Skepsis nicht nur gegenüber anderen sozialwissenschaftlichen Ansätzen und Erkenntnissen, sondern auch und vor allem gegenüber den eigenen Vorverständnissen und den selbstkonstruierten Begriffen, Konzepten und Bezugssystemen« (Raab 2018: 64). Goffman erarbeitet keine eigenständige Sozialtheorie, es gibt aber Möglichkeiten, aus seinem Werk selbst eine Systematisierung herzuleiten. Hettlage (2007: 200) schlägt dazu die *Interaktionsordnung* vor, Reckwitz (2000: 415), sieht das *Rahmenkonzept* zu diesem Zweck als geeignet. Die Interaktionsordnung kann als das Ergebnis eines sozialen Interaktionsprozesses verstanden werden, aus dem dann zeitlich begrenzte, aber normativ gültige Strukturen entstehen. Das Rahmenkonzept bzw. die sogenannte Frame-Analysis (vgl. Goffman 1974) lässt sich auf mehreren Ebenen ansiedeln. *Frames* dienen als Interpretationsschema der Wirklichkeit und erlauben, kollektives Handeln in einer bestimmten Situation als sinnvoll zu verstehen. Frames stellen somit die Frage nach den Bedingungen, unter denen etwas für wahr angenommen wird.

Mikroperspektive

Es ist möglich, in Goffmans Werk eine interpretative Kulturtheorie des Alltags zu sehen, keinesfalls ist es aber eine Handlungstheorie. Er selbst hat einmal von einer »Soziologie der Gelegenheiten« (Goffman 1986: 8) gesprochen, in der sich face-to-face Interaktionen darbieten. Damit wird die Offenheit sozialer Interaktion betont. Die von ihm ins Leben gerufene Analyse der Interaktionsordnung hat sich mittlerweile als eigenständiges Forschungsfeld innerhalb der Mikrosoziologie etabliert. Hält man sich an den Schlüsselbegriff der Interaktion, dann wird mit diesem bei Goffman dem menschlichen Körper und seinen Gesten, den Geschlechtern, aber auch der Kleidung und vielen anderen Aspekten eine besondere Aufmerksamkeit eingeräumt. Darüber hinaus hat Goffman die psychische Verfassung der Akteure in seine Analysen miteinbezogen. Die durch Interaktionen hergestellte soziale Ordnung besitzt – so viel wird mit Goffman deutlich – ein doppeltes Gesicht und ist keinesfalls als positive harmonische Ordnung misszudeuten. Die aus den Interaktionen entstehenden Ordnungskonstruktionen der Realität sind brüchig. Goffmans Akteure schwanken daher z. B. auch zwischen Nähe und Distanz, Engagement und Entfremdung sowie zwischen Freiheit und dem Zwang, sich der sozialen Ordnung und damit den Rollen fügen zu müssen. Damit erinnern seine Studien an Georg Simmel. Hettlage hat Goffmans Arbeitsweise als »Mikroskopie« der sozialen Welt bezeichnet, in der neue und bisher unbekannte Aspekte in den Blick geraten. Dies geschieht häufig mit Metaphern zur Beschreibung dieser Phänomene, doch selbst, wenn z. B. vom »Theaterspielen« die Rede ist, geht es nicht allein um eine Rollentheorie. Goffman hegte kein Interesse an sozialwissenschaftlichen Großtheorien und an Makrostrukturen, es ist aber möglich, mit ihm die Annahme zu begründen, dass Makrostrukturen auf den Mikrostrukturen aufbauen. Seine Tätigkeit als Soziologe brachte ihm in den 1970er Jahren eine ungewöhnliche Popularität in der Öffentlichkeit ein. Diese Popularität erlebte nach seinem Tod eine zweite Welle und hat ihn zum vielzitierten Klassiker aufsteigen lassen.

Strukturalismus/Poststrukturalismus

Der Strukturalismus bezeichnet in den Sozialwissenschaften eine theoretische und methodische Perspektive, die über den allgemeinen und eher unbestimmten Begriff Strukturalismus hinausgeht. Gemeint ist nicht Sozialstruktur, sondern eine Ordnung, die sich noch am besten als *kulturelle Grammatik* beschreiben lässt. Während also Sozialstruktur auf die empirische messbare makrosoziologische Ordnung der Gesellschaft abzielt, die sich in Klassen, Schichten und Milieus beschreiben lässt, ist der Strukturalismus mit einem latenten Regelwerk beschäftigt, welches sich im Geist, aber auch in der Sprache niederschlägt. Mittels einer Struktur, so viel kann allgemein gesagt werden, werden Elemente mit einer bestimmten Eigenschaft in eine Beziehung gesetzt. Das gilt auch für den Strukturalismus.

Symbolische Klassifizierungen

Die Ursprünge des Strukturalismus lassen sich sowohl auf das Werk von Durkheim/Mauss als auch auf die Linguistik zurückführen. Zunächst zu Émile Durkheim und Marcel Mauss. Bereits im Jahr 1903 legen beide (2009) eine Abhandlung vor, die sich mit sozialen und *symbolischen Klassifizierungen* in Stammesgesellschaften auseinandersetzt. Dabei geht es um ganz fundamentale, sozusagen primitive Klassifizierungen wie z. B. heilig/profan oder zugehörig/nicht zugehörig. Klassifizierungen, die auch in Durkheims späterer Religionssoziologie eine Rolle spielen, sind in diesem Verständnis hierarchische Ordnungen von Dingen, für die es allerdings weder in der realen Welt noch im Gehirn vorgeformte Ordnungsmodelle gibt. Durkheim und Mauss machen deutlich, dass solche Systeme hierarchischer Vorstellungen nicht psychologischen, sondern allein sozialen bzw. kulturellen Ursprungs sind. Entscheidend ist nun, dass Klassifizierungen durch Symbole repräsentiert und ausgedrückt werden und deshalb zuvorderst kognitiv verankert sind. Sie bilden eine latente, in der Regel also unbewusste Struktur, die kollektiv geteilt und wirkmächtig ist, aber nicht mit den üblichen empirischen Mitteln, nicht im Feld, aufzudecken ist.

Auch beim Soziologen und Anthropologen *Claude Lévi-Strauss* (1908–2009) ist ein Strukturalismus fest verankert. Er geht davon aus, dass das komplexe Ganze der sozialen Welt auf ein signifikantes System von Unterscheidungen zurückgeführt werden kann. Als Beispiel kann der Mythos genannt werden, zu dem Lévi-Strauss umfangreiche Feldstudien in verschiedenen Stammesgesellschaften durchgeführt und zu diesem Zweck Geschichten, Erzählungen und Gesänge analysiert hat. Sein Ergebnis ist eine Sammlung, die sogenannte Mythologica, in der die Inhalte der Mythen aufgearbeitet und als universales, für alle Menschen geltendes und in seiner logischen Struktur nicht wandelbares System dargestellt werden. Entscheidend für Lévi-Strauss ist, dass dieses signifikante Symbolsystem der Mythen Objektcharakter annimmt und dadurch mit einer eigenen Realität, unabhängig vom Subjekt, ausgestattet wird (vgl. Lévi-Strauss 1976: 55). Da es sich dabei um eine unbewusste Struktur handelt, kann er zeigen, »wie sich die Mythen in den Menschen ohne deren Wissen denken« (ebd.: 26). Damit löst sich der Strukturalismus gleichzeitig von den gesellschaftlichen Grundlagen. War bei Mauss und Durkheim noch die Idee tragend, dass sich eine soziale Ordnung in der kulturellen Grammatik widergespiegelt, so ist dies hier nicht mehr zwingend der Fall. Lévi-Strauss bietet eine vergleichende strukturale Analyse, in der er sich auf beobachtbare Phänomene stützt, in denen er einen Mythos ausgedrückt sieht. Dies können z. B. die Zusammensetzung und Benennung von Clans oder aber Geschichten und Lieder sein.

Linguistik

Der zweite Ursprung des Strukturalismus ist die Linguistik. Das liegt nahe, denn auch Sprache stellt eine Realität eigener Art dar. Sie ist ein objektives Regelwerk, welches in der Lage ist, das Denken und

Handeln zu steuern. Zudem ist sie kollektiv verankert. Der Philosoph *Gilles Deleuze* (1925–1995) bietet diesbezüglich eine Unterscheidung an, mit der ein solcher Bezug ersichtlich wird. Das Symbolische – neben der Sprache gibt es zahlreiche andere Symbolsysteme – ist die Dimension, auf die der Strukturalismus Bezug nimmt, nicht das Imaginäre und auch nicht das Reale (vgl. Deleuze 1992: 10). Für den Ursprung des Strukturalismus aus der Linguistik kann auf *Ferdinand de Saussure* (1857–1913) verwiesen werden, der als Erster grundlegende Unterscheidungen für die Linguistik vorgenommen hat, wie z. B. die Trennung von Sprache und dem praktischen Sprechakt oder aber die Trennung von einem bezeichneten (Signifikat) und einem bezeichnenden Symbol (Signifikant). Für eine strukturale Linguistik ist vor allem die Sprache als sozialer Gegenstand von Interesse, weniger aber das individuelle Sprechen. Die Linguistik hat umfangreiche Weiterentwicklungen erfahren, die hier nur angedeutet werden können. Neben einer psychoanalytischen und einer kritisch-marxistischen Form der Linguistik hat vor allem die Semiotik von *Roland Barthes* (1915–1980) einen Einfluss auf die Sozialwissenschaften ausgeübt. Mit der Zeichentheorie greift Barthes u. a. das Thema der Mythologie wieder auf und sieht darüber hinaus im Strukturalismus eine Möglichkeit gegeben, die Regeln und Normen offenzulegen, mit denen Sinn in Bildern, Artefakten oder Texten hergestellt wird. Prominent geworden ist seine Analyse von französischen Alltagsmythen in den 1950er Jahren, die er als Semiologie – als Zeichenlehre im Anschluss an Saussure – dekonstruiert (vgl. Barthes 2015).

Sinnstrukturen

Vor dem Hintergrund des bisher Skizzierten ist ersichtlich, dass im Strukturalismus von einer anderen Form von Sinn die Rede sein muss als bisher. Es geht nicht mehr um das sinnhafte Handeln oder um den Sinn, der auf Ebene der Institutionen und in Strukturen entsteht. Mit dem Strukturalismus verschieben sich die methodologischen Grundannahmen, denn er zielt auf eine unbewusste Struktur, die einen eigenständigen Bereich der sozialen Welt markiert: ein Symbolsystem. Wenn der Gegenstand des Strukturalismus also eine subjektive und kollektiv im Gedächtnis gespeicherte kulturelle Grammatik ist, dann sind darin ebenfalls Regeln, Differenzen und Klassifizierungen aufgehoben. Die Symbole besitzen eine bestimmte Position in einem topologischen Raum. Grundlegend für das Verständnis des Strukturalismus ist, dass es möglich ist, das Soziale nach Regeln der Linguistik zu analysieren. Methodologisch bedeutet dies, dass empirisch eher auf Muster, Netzwerke und deren Vergleich abgezielt wird. Materielle Substanzen, Akteure, Gruppen und zahlreiche andere soziale Gebilde gelangen nicht in den Blick, wohl aber die kollektiven Strukturen des Denkens zwischen Identität und Differenz. Die Idee des Strukturalismus lenkt die Methodologie der Sozialwissenschaften auf neue Bahnen. Seine systematischen Analysen mit Fokus auf kulturellen Zeichen benötigen den Menschen als handelnden Akteur nicht mehr, beschreiben aber dennoch eine soziale Realität, die sich in einer verbildlichten und vertextlichten modernen Welt immer mehr in den Vordergrund drängt.

Poststrukturalismus

Es gibt verschiedene Spielarten des Strukturalismus (vgl. dazu Junge 2008), hier wurden im Blick auf den methodologischen Anspruch nur wenige Beispiele exemplarisch dargestellt. Während sich beim Strukturalismus in den Sozialwissenschaften eindeutige Vertreter benennen lassen, die sich auch selbst auf den Begriff berufen, stellt sich die Situation im Poststrukturalismus schwieriger dar. Tatsächlich handelt es sich beim Poststrukturalismus um eine Ex-post-Zuschreibung bzw. um eine Schubladenbildung. Zwar gehen auch hier wieder Impulse u. a. von der Literaturwissenschaft und der Philosophie aus, doch stellt der Poststrukturalismus sich eher als Theoriebewegung dar, verknüpft mit Autor*innen wie z. B. *Michel Foucault*

(1926–1984), *Gilles Deleuze* (1925–1995), *Félix Guattari* (1930–1992), *Jean-Francois Lyotard* (1924–1998) und *Julia Kristeva* (geb. 1941), die sich einer eindeutigen Zuordnung entziehen und dennoch Gemeinsamkeiten in ihrem Denken aufweisen. Interessiert man sich für methodologische Aspekte, dann sticht im Poststrukturalismus das Anliegen heraus, das Soziale und die Gesellschaft anders und neu zu denken. Dabei ist mit Methodologie allerdings eher ein Weg der Wissensaneignung bezeichnet als ein exaktes Forschungs- und Theorieprogramm. Nimmt man zudem die zahlreichen aktuellen Veröffentlichungen zu dieser Theoriebewegung (z. B. Moebius/Reckwitz 2008, Stäheli 2015) zur Kenntnis, dann ist es möglich, sich auf die Kritik und die Impulse des Poststrukturalismus zu beschränken.

Verbindung zur Postmoderne

Einen gemeinsamen Nenner findet die Theorieströmung in dem Anspruch der Weiterentwicklung und Neuinterpretation des klassischen Strukturalismus. Spätestens mit der Anerkennung des Poststrukturalismus in den Sozialwissenschaften nimmt die Sprache – im weiteren Sinne – hier eine feste Position als Analysegegenstand ein. In Anlehnung an den alten Strukturalismus wird auch in der erneuerten Form die soziale Welt als Diskurs bzw. diskursives Verhältnis interpretiert. Die Strömung weist zudem eine enge Verbindung mit der Diskussion um die *Postmoderne* auf, in der es zunächst um einen Epochenbruch mit der Moderne in den Bereichen Kunst, Literatur und Architektur geht. Als Gesellschaftsdiagnose hat dieser Terminus allerdings eher für Verwirrung als für Ordnung gesorgt, sodass eine nähere Betrachtung nicht zielführend ist. Das gilt auch, weil der Poststrukturalismus nach einem gewissen zeitlichen Abstand zu seinen Entstehungskontexten als eigenständig wahrgenommen wird. – Was sind aber nun die Merkmale dieses Denk- und Forschungsansatzes in den Sozialwissenschaften?

Kritik an Verabsolutierungen

Der Poststrukturalismus wendet sich gegen theoretische *Verabsolutierungen*, wie er sie in klassischen Gesellschafts- und Sozialtheorien erkennt. Damit ist unter anderem auf den Stellenwert des Subjekts und der Gesellschaft abgezielt. Ein Subjekt ist, den Annahmen des Poststrukturalismus folgend, nicht notwendigerweise der Kern der Gesellschaft, zudem muss Gesellschaft selbst nicht homogen sein, wie es z. B. von klassischen Theorien der Modernisierung suggeriert wird. Sowohl das Subjekt als auch die Gesellschaft sollen in dieser Auffassung als veränderlich begriffen werden. Diese Kritik an theoretischen Absolutierungen hat z. B. bei Foucault zu der Frage geführt, wie Subjektivität überhaupt historisch konstituiert wird bzw. wie der Mensch sich selbst zu einem Subjekt wandelt (vgl. Foucault 1987). Der Poststrukturalismus geht davon aus, dass sowohl das Subjekt als auch die Gesellschaft in ihrer Entstehung und Entwicklung durch Brüche gekennzeichnet sind. Er betont, dass Brüche auch auf einer anderen Ebene stattfinden, nämlich als Sinnbruch. Damit wendet er sich gegen klassische Perspektiven wie z. B. die der Hermeneutik und der Phänomenologie, die auf einen absoluten Sinn bzw. auf die Möglichkeit, überall Sinn zu erschließen, abzielen. Im Gegensatz dazu wird von den Theorien des Poststrukturalismus die Ansicht vertreten, dass Sinnprozesse auch scheitern können.

An diesen Beispielen wird bereits ersichtlich, dass mit dem Poststrukturalismus eingespielte wissenschaftliche Denkgewohnheiten der Sozialwissenschaften infrage gestellt werden. Dennoch ist die Kritik an bestimmten Annahmen gleichzeitig von einer Reflexion, von einem Neudenken sozialwissenschaftlicher Kategorien und der Frage nach deren Voraussetzungen geprägt. Der Anspruch des Poststrukturalismus kann im positiven Sinne auch als Verunsicherung etablierter Theorien und Begriffe bezeichnet werden. Ein weiterer Bestandteil poststrukturalistischen Denkens ist die Kritik an totalisierenden Theorien, die einen Anspruch auf allgemeine Gültigkeit hegen. Eine Vorstellung wie die, dass die Modernisierung der Gesellschaften in Bezug auf eine historische Entwicklung oder aber in Bezug auf eine räumliche Ausbreitung zwangsläufig ist, steht somit unter einem totalisierenden Verdacht. Im Gegensatz dazu plädiert der Poststrukturalismus für das Eigenrecht des Anderen und des Heteronomen. Während in klassischen Ansätzen der Sozialwissenschaften eher die Frage nach den Möglichkeiten von alltäglicher, sozialer und gesellschaftlicher Ordnung diskutiert wurde, geht mit dem Poststrukturalismus ein Interesse für *Unordnung* einher. In ihrem Blick auf die soziale Welt bricht die einheitliche Orientierung in Pluralitäten auf, sodass ein kohärentes Bild der modernen Gesellschaft hinterfragt werden kann.

Dynamisierung von starren Strukturen

Neben der Kritik an Verabsolutierungen richtet sich der Poststrukturalismus auch gegen starre Strukturen, womit eine Kritik an früheren Varianten des Strukturalismus mit eingeschlossen ist. Der Poststrukturalismus unterscheidet sich von seinem Vorläufer dadurch, dass er Strukturen dekonstruiert, also in ihre Einzelteile zerlegt und sie gleichzeitig historisiert. Dass auch Strukturen eine geschichtliche Dimension besitzen, wird am Beispiel von Michel Foucault deutlich: Neben der Analyse der Subjektivität führt ihn dies zu einer genealogischen Analyse der Strukturen des Wissens, oder mit anderen Worten, zu einer Geschichte der Wissensordnung, die allerdings mehr als eine herkömmliche Wissenssoziologie darstellt, weil sie nicht nur die Bedingungen ihrer Entstehung reflektiert, sondern auch gängige Periodisierungen, Beschreibungen und Begriffe aufbricht (vgl. Foucault 1969: 10).

Habitus

Die Spuren eines erneuerten Strukturalismus reichen bis in die Soziologie *Pierre Bourdieus* (1930–2002), der als einer der einflussreichsten Sozialwissenschaftler der letzten Jahrzehnte gelten kann. Oft wird mit Blick auf sein Werk allerdings vergessen, dass seine wissenschaftliche Karriere in der Ethnologie begann. Während seines Studiums kommt Bourdieu mit dem Werk von Lévi-Strauss in Kontakt, die Einberufung ins Militär mit Mitte 20 führt ihn nach Algerien, wo er nach dem Ende des Kriegs im Jahr 1962 eine Lehrtätigkeit aufnimmt. Bourdieus zu dieser Zeit entwickelte Kritik am Strukturalismus gilt zuvorderst dessen methodologischer Begrenzung auf ein Symbol- bzw. Zeichensystem. Ein Fokus allein auf ein diachrones und invariantes Bedeutungssystem (vgl. Schäfer 2022: 315) vergisst aber, dass ein solches System nur durch Träger existiert, die dieses System verinnerlichen. Bourdieu hält fest: »Zwischen dem System objektiver Regelmäßigkeiten und dem System der direkt wahrnehmbaren Verhaltensformen vollzieht sich stets eine Vermittlung. Diese Vermittlung leistet der Habitus« (Bourdieu 1974: 40). Der Habitus, als System der organischen und mentalen Verfügungsmöglichkeiten und der unbewussten Denk-, Wahrnehmungs- und Handlungsschemata (vgl. ebd.) zentraler Bestandteil Bourdieus Theorie, basiert auf einer Kritik des Strukturalismus. Bourdieu holt damit die Theorie des Strukturalismus in die Sozialwissenschaften, indem er sie mit der Frage nach der Stellung der Akteure und nach der Entstehung dieser Strukturen verknüpft.

Verhaltenstheorie

Behavior

Die Verhaltenstheorie rekurriert auf einen Begriff, der nicht von allen Sozialwissenschaften akzeptiert wird, aber dennoch in Teilen fest verankert ist. Verhalten oder *Behavior* wird so z. B. in der soziologischen Handlungstheorie häufig als zu ungenau angesehen und durch den Begriff des »sozialen Handelns« ersetzt. Hingegen finden Begriff und Theorie des Verhaltens in der Psychologie, der Ökonomie und zum Teil auch in der Politikwissenschaft Verwendung. Die Ablehnung beruht, wissenschaftstheoretisch gewendet, auf der Frage, wie weit z. B. die Soziologie auf der Psychologie als Grundlage aufbauen kann und soll. Max Weber, Émile Durkheim und Alfred Schütz – um nur einige Beispiele zu nennen – lehnen die Psychologie als Grundlage der Soziologie ab, was aber andere Sozialwissenschaften nicht davon abgehalten hat, Psychologie und eine Theorie des Verhaltens als Grundlage für Erklärungen zu akzeptieren. Tatsächlich ist der Ursprung der Verhaltenstheorie in der Psychologie und hier im Behaviorismus zu suchen, einer Strömung innerhalb der Psychologie zwischen 1920 und 1970, die das Ziel hatte, die Psychologie auf naturwissenschaftlicher Basis neu zu begründen.

Die Verhaltenstheorie in den Sozialwissenschaften ist eng mit dem Namen *George C. Homans* (1910–1989) verbunden, einem amerikanischen Soziologen, der grundlegende Beiträge in diesem Forschungsfeld geleistet hat. Darüber hinaus gibt es eine Verbindung der Verhaltenstheorie mit der nachfolgend zu besprechenden »Theorie der rationalen Wahl« (RCT), doch handelt es sich zwar um verwandte aber doch zu unterscheidende Ansätze. Verhalten kennzeichnet einen deutlich allgemeiner gehaltenen Begriff als den des rationalen Wahlhandelns. Dies zeigt sich u. a. daran, dass Homans das Forschungsziel angibt, *elementares Verhalten* zu erklären, welches Gültigkeit für die gesamte Menschheit habe (vgl. 1972: 6). Nicht die Verhaltensregeln, sondern das Verhalten der Menschen selbst steht im Fokus.

»Law of Effect«

Ihren Ausgang nimmt die Homansche Verhaltenstheorie in den Naturwissenschaften, demnach ist Verhalten immer beobachtetes Verhalten von Menschen (prinzipiell auch von Tieren), welches durch Hypothesenbildung und durch Deduktion in Gesetzen zum Ausdruck gebracht werden kann. Diese Gesetze sollen in der Form »Wenn X, dann Y« festgehalten werden. Homans Theorie zielt somit auf elementare Verhaltensgesetze, damit ist gemeint, dass es um Verhalten geht, was in Kleingruppen und in einfachen sozialen Interaktionen zum Ausdruck kommt. Diese bewusst vorgenommene Reduktion verzichtet auf soziale und kulturelle Kontexte und orientiert sich am »Law of Effect«. Damit ist ein psychologischer Verhaltensgrundsatz gemeint, nach dem die Konsequenzen eines Verhaltens die Motivation beeinflussen, je nachdem, ob es sich um positive oder negative Konsequenzen auf ein gezeigtes Verhalten handelt. Verhaltenskonsequenzen führen so zu einem Lerneffekt. »Belohnung« und »Strafe« stellen deshalb auch Grundbegriffe des sozialen Verhaltens dar, das so auch auf Begriffe wie Normen verzichten kann. Normen sind auch durch die positiven oder negativen Reaktionen auf das Verhalten im Konzept aufgehoben. Noch reduzierter lässt sich dies auch als Reiz-Reaktions-Schema verstehen, welches wiederum verwandt ist mit dem Kosten-Nutzen-Schema.

Homans gelangt zu den Gesetzen also durch Aufstellung von Hypothesen und durch Beobachtung. Durch Deduktion – dem Ziehen zwingender Schlüsse und durch logische Schlussfolgerung – auf Grundlage der Hypothesen und der Beobachtung ist demnach die Aufstellung von Gesetzen des Verhaltens möglich. Aus wissenschaftstheoretischer Perspektive interessant ist, dass Homans den Vorgang des Deduzierens mit einer Erklärung gleichsetzt. Er schreibt diesbezüglich: »Den Prozeß der Entlehnung oder Erfindung jener allgemeinen Aussagen nenne ich *Induktion*, ob dies die Induktion der Philosophie ist oder nicht; den Prozeß der Ableitung empirischer Sätze aus den allgemeineren nenne ich *Erklärung*, und dies ist dasselbe, wie die Erklärung der Philosophen.« (Homans 1972: 8, kurs. i. O.) Erklärungen erfolgen so gesehen in Form der Beziehungsbildung von zwei Variablen bzw. in Form eines Gesetzes: X verhält sich wie Y. Homans betont, dass eine Erklärung einen Satz allgemeiner Aussagen über die Beziehungen zwischen den Variablen benötigt (vgl. ebd.: 10). Ein Vorbild für diese allgemeinen Aussagen sieht Homans in der Verhaltenspsychologie, aber auch in der Nationalökonomie.

Naturwissenschaftliche Methoden

Die wissenschaftstheoretischen Implikationen der Verhaltenstheorie sehen sich im Einklang mit dem Anspruch und den Methoden der Naturwissenschaften: Hypothesenbildung, Beobachtung und Deduktion sind die Grundlagen, mit denen Beziehungsgesetze aufgestellt werden sollen. Aufbauend auf einem Behaviorismus in der Psychologie ist die Verhaltenstheorie für zahlreiche Wissenschaften wie die Kognitionsforschung, die Biologie, aber auch für die Politik- und Wirtschaftswissenschaften anschlussfähig.

Mit dem Bezug auf elementares soziales Verhalten bleibt die Verhaltenstheorie im Mikrobereich der sozialen Welt und hegt auch keinen Erklärungsanspruch über diesen hinaus. Nicht nur das unterscheidet sie von der Theorie des »rationalen Wahlhandelns«. Differenzen und Verwandtschaft sowohl in ihrer Programmatik als auch in ihrem methodologischen Standpunkt werden im folgenden Abschnitt deutlich, in dem die methodologischen Prämissen der Rational Choice Theory untersucht werden.

Theorie des rationalen Wahlhandelns (RCT)

Dass die Trennung der Mikroebene von der Makroebene allein eine Orientierung im sozialwissenschaftlichen Feld bieten kann und wissenschaftstheoretisch nicht unbedingt aufrechtzuerhalten ist, zeigt auch das Beispiel der Rational Choice Theory. Die Theorie des Wahlhandelns, oder kurz RCT, ist in ihrer einfachsten Form eine Handlungstheorie, sie kann aber auch Bestandteil eines komplexen Theoriegebildes sein, das derzeit in mehreren Varianten existiert und einen Erklärungsanspruch für Makrophänomene formuliert (vgl. ausführlich: Miebach 2010: 394 f.). Die RCT findet breite Akzeptanz und Verwendung in den Sozialwissenschaften, so z. B. in der Ökonomie und der Politikwissenschaft, wohingegen die Soziologie ihr teilweise kritisch bis ablehnend gegenübersteht. Die Grundlagen der RCT reichen bis in die praktische Mathematik hinein, sodass auch z. B. die Spieltheorie in manchen Theorien Berücksichtigung erfährt. Vor diesem Hintergrund ist es schwer möglich, der Komplexität der RCT in einem kurzen Abriss gerecht zu werden. Die Darstellung der wissenschaftstheoretischen Prinzipien erfolgt daher allein in Bezug auf ihre Kernannahmen und beschränkt sich dabei auf die Varianten der Theorien von *James S. Coleman* (1926–1995) und *Hartmut Esser* (geb. 1934).

Handeln Menschen rational? Eine Antwort auf diese Frage kann sowohl mit Verweis auf ein Menschenbild als auch mit Verweis auf ein wissenschaftliches Modell gegeben werden. Zum Menschenbild: Befragt man eine Theorie nach dem Bild über ihren Akteur, so ist dies meist mit Vorstellungen von seinem Verhalten bzw. von seinem Handeln verbunden. Häufig lassen sich diese Annahmen zu einem Menschenbild zusammenfügen. So wird z. B. der Philosophie des im ersten Teil mehrfach erwähnten Thomas Hobbes ein Menschenbild zugeschrieben, nach dem sich der Mensch im Kampf mit anderen Menschen befindet. Homo homini lupus, der Mensch ist dem Menschen ein Wolf.

homo sociologicus und homo oeconomicus

In Bezug auf die RCT sind nun zwei Menschenbilder für die Konstitution der Theorie wesentlich: der *homo sociologicus* und der *homo oeconomicus*. Ersterer dient der RCT zur Abgrenzung, das zweite Menschenbild wird ihr zugeschrieben. Der homo sociologicus ist vor allem mit dem deutschen Soziologen *Ralf Dahrendorf* (1929–2009) verbunden, der Mitte der 1960er Jahre eine Theorie des Menschen als in die Gesellschaft eingebundenes und von deren Werten und Normen abhängiges Wesen konzipierte. Handeln wird in dieser Theorie vor allem durch Rollenerwartungen und durch gesellschaftlich auferlegte Normen erklärt (vgl. Dahrendorf 1977). Der Mensch handelt demnach so, wie er handelt, weil er bestimmte Rollen spielt, die von ihm verlangt werden, und weil er sich dabei bestimmten Normen fügt. Der homo oeconomicus hingegen sieht den Handelnden als rationalen Entscheider, der seine Ziele verfolgt und auf Maximierung seines Nutzens aus ist. Der Name verrät bereits, dass es hier um ein Menschenbild geht, das vor allem in Bezug auf wirtschaftliches Handeln relevant ist. Gesellschaftlich verankerte Normen sind für die RCT von untergeordnetem Interesse, beim Menschenbild des homo sociologicus kommt ihr das Potential der einzelnen Akteure zu kurz. Dass die RCT sich auf das Menschenbild des homo oeconomicus stützt, ist richtig, aber tatsächlich reicht dieses Menschenbild als Basis der Theorie nicht aus. Zur Zielsetzung des Handelnden, seinem rationalen Verhalten und der Nutzenmaximierung kommt ein *methodologischer Individualismus* als Erklärungsprinzip hinzu (vgl. Miebach 2010: 394). Mit diesem Prinzip ist gemeint, dass Erklärungen für gesellschaftliche Phänomene auch auf der Ebene des Handelns erklärbar sind. Wie ist das nun konkret zu verstehen?

Mikro-Makro-Modell

Die RCT geht davon aus, dass Probleme der gesellschaftlichen Ordnung auf Makroebene nur unvollständig erklärt werden können. Sie stellt sich damit einem in den Sozialwissenschaften häufig anzutreffenden Holismus, der z. B. in der Betonung von gesellschaftlichen Teilsystemen als funktionalem Bestandteil einer Totalität existiert, entgegen. Ihr Ziel, allgemeine Gesetze für kollektive Phänomene aufzustellen (vgl. Esser 1991: 21), präferiert eine andere Herangehensweise. Sowohl Hartmut Esser als auch James Coleman schlagen hierzu ein Mikro-Makro-Modell der Erklärung vor. Damit ist gemeint, dass die kollektive oder gesellschaftliche Ordnung aus individuellen Handlungen abgeleitet werden soll. Kurz gesagt: Der methodologische Individualismus will Erklärungen der Kollektivebene durch einen Rückgriff auf die Handlungsebene. Ein solches Vorgehen ist nicht neu, denn bereits Max Weber formulierte den Anspruch, mit dem Fokus auf dem sozialen Handeln auch gesellschaftliche Institutionen und soziale Strukturen zu erklären. In der RCT wird zur Erklärung auf individuelle Handlungen, die z. B. auf Grundlage von Wertorientierungen erfolgen, zurückgegriffen, sodass das Problemlösungsverhalten von Menschen miteingeschlossen werden kann. Esser spricht diesbezüglich von einer Tiefenerklärung für kollektive Zusammenhänge und bietet für sein Mikro-Makro-Modell drei Erklärungsstufen an, die jeweils einer besonderen Logik folgen: Ausgangspunkt ist eine Situation, in der sich die Handelnden befinden und in der die Handlungsoptionen bestimmt sind. Die Situation verlangt eine genaue Bestimmung. Im zweiten Schritt steht die Selektion im Interesse; damit ist die Reaktion der Akteure auf die Situation gemeint, in der eine Wahlentscheidung – nach den Vorstellungen der RCT, rational – getroffen wird. Handlungsalternativen abwägend, für bestimmte Ziele die beste Handlung wählend. Der dritte Schritt besteht in der Untersuchung und Beschreibung der Aggregation, in der die ersten beiden Schritte miteinbezogen werden. Ziel ist, Esser zufolge, »eine Aufdeckung der inneren Mechanismen, die zu den strukturellen und prozessualen Differenzen führen« (ebd.: 23).

Regelmäßigkeit des Handelns

Im Modell der RCT ist das Verhalten des handelnden Akteurs vor allem durch Regelmäßigkeit gekennzeichnet. Die namensgebende Rationalität ist auf Ebene des Handelnden, in seinen Entscheidungen, angesiedelt und soll der Begründung des Paradigmas folgend als bewusste Reduktion auf einen theoretisch operationalisierbaren und handlungstheoretisch schlüssigen Aspekt verstanden werden. Der Anspruch der Theorie des rationalen Wahlhandelns geht über das ökonomische Handeln hinaus, Erklärungen sollen auf Grundlage der RCT für alle sozialen Phänomene möglich sein. Wissenschaftstheoretisch bezieht die RCT deutlich Position gegen den Behaviorismus, der keine sozialen Strukturen und auch keine Gesellschaft kennt.

Die Bezüge zum Positivismus werden vor allem bei James Coleman sichtbar. So geht diese Begründung der RCT auf die Physik als Vorbild zurück, verweist aber gleichzeitig auf den logischen Empirismus und den Kritischen Rationalismus (vgl. Braun/Voss 2014: 64 f.). Coleman versteht die Sozialwissenschaften als Erfahrungswissenschaften, die einer hypothetisch-deduktiven Arbeitsweise folgen und die eine Formalisierung und Mathematisierung von Theorie zum Ziel haben. Colemans Verständnis von Theorie kann als das Aufstellen von Annahmen und das logische Ableiten von Thesen begriffen werden. Mit einem solchen Bezug auf mathematische Modelle (der Theorie) ist Coleman ein früher Vertreter der bereits oben kurz erwähnten mathematischen Soziologie. Tatsächlich zeigt sich die RCT als eines der ersten Paradigmen offen für Computersimulationen von sozialen Ereignissen. Coleman entwirft wie Esser ein Mikro-Makro-Modell mit einem allgemeingültigen Anspruch (vgl. Coleman 1991), sein methodologischer Individualismus geht allerdings eher auf Poppers »Logik der Forschung« denn auf Weber zurück. In seiner methodologischen Grundlegung finden sich zahlreiche Anknüpfungspunkte an die Mikroökonomie, die sich z. B. in zahlreichen Beispielen zu Vertrauensbeziehungen im ökonomischen Handeln wiederfinden (vgl. ebd.: 115).

»Colemansche Badewanne«

Was als »Colemansche Badewanne« bekannt wurde und in zahlreichen Lehrbüchern in unterschiedlichen Varianten Abbildung fand (vgl. z. B. Miebach a. a. O.: 396), ist eine verbildlichte Darstellung des Mikro-Makro-Modells im Zeitverlauf. Überträgt man die Darstellung auf ein Koordinatensystem, dann stellt die Y-Achse oben die Makro-, unten die Mikroebene dar. Auf der X-Achse ist der Zeitverlauf dargestellt. Ausgehend von (links oben) kollektiven Ereignissen mit bestimmten Merkmalen, wechselt das Schema auf die Akteursebene (links unten). Im Zeitverlauf wird hier eine Handlung ausgeführt (rechts unten), welche sich als Summe von Handlungen zu einem veränderten Merkmal des Kollektivs aggregiert (rechts oben).

Colemans Anspruch ist nicht nur die Anwendung der Theorie auf alle sozialen Phänomene und die einhergehende Formulierung von Gesetzen, sondern auch die Übertragung dieser Gesetze auf die Gesellschaft selbst, mit dem Ziel, erfolgreiche Veränderungen im Sinne einer Sozialtechnologie vorzunehmen.

Analytische Soziologie (AS)

Die »analytische Soziologie« ist ein Forschungsprogramm, das auf der RCT aufbaut, gleichzeitig aber einen Anspruch auf Eigenständigkeit formuliert. Das noch im Entstehen befindliche Paradigma wird in Europa und in Amerika seit ca. 20 Jahren diskutiert, hat aber bereits hohe Aufmerksamkeit sowie eine Institutionalisierung auf internationaler und nationaler Ebene erfahren. Das allein ist Grund genug, die Grundzüge und die wissenschaftstheoretischen Vorstellungen der AS hier kurz zu referieren.

Die AS will einen Mittelweg zwischen großen Theorien und Empirismus beschreiten, denn sowohl große Theoriegebäude wie z. B. die Systemtheorie als auch eine Position, die allein auf die Macht der empirischen Daten setzt, bieten, der AS zufolge, für zahlreiche Phänomene keine Erklärungen. Sie steht mit dieser Auffassung in einer soziologischen Tradition, denn bereits 1949 plädierte der amerikanische Soziologe Robert K. Merton für Theorien mittlerer Reichweite. Solche Theorien sind mit den Worten des Autors »angesiedelt zwischen den kleinen Arbeitshypothesen, die während der alltäglichen Forschungsroutinen im Überfluss entwickelt werden, und den allumfassenden Spekulationen einschließlich eines theoretischen Globalschemas, von dem man eine große Anzahl empirisch beobachteter

Gleichförmigkeiten des sozialen Verhaltens herzuleiten hofft« (Merton 1995: 3). Ebenso wie die RCT will die analytische Soziologie Mikro- und Makroebene zusammenbringen. Soziologische Erklärungen für soziale Phänomene benötigen demzufolge eine Mikrofundierung. Auch dieses theoretische Bemühen hat eine Tradition in der Soziologie, so legte z. B. der britische Soziologe Anthony Giddens Mitte der 1980er Jahre eine Strukturationstheorie vor, die den sozialen Wandel als Wechselspiel zwischen Handeln und sozialen Strukturen versteht (vgl. Giddens 1984). Die AS bezieht sich in ihrer Programmatik aber weder auf Giddens noch auf Merton, beide liegen außerhalb ihres theoretischen Interesses. Stattdessen rückt die AS Mechanismen als zentrales Element zur Erklärung von sozialen Phänomenen in den Fokus.

Mechanismen

Ein Mechanismus ist vereinfacht gesagt eine Konstellation von Entitäten und Aktivitäten sowie von handelnden Akteuren, die regelmäßig ein bestimmtes Phänomen hervorbringen (vgl. Hedström 2009: 3). Die Bedeutung von Mechanismen wird durch den Bezug auf ein Mikro-Makro-Modell ersichtlich und zwar in dem Sinne, dass Mechanismen Erklärungen für die Entstehung von sozialen Mustern, ausgehend von sozialem Handeln, geben sollen. Hierbei ist für die AS zweierlei wichtig: zum einen ein Fokus auf die Anfangsbedingungen, zum anderen ein Akteurmodell, das möglichst einfach gehalten ist. Der erste Punkt will deutlich machen, dass soziale Prozesse unter bestimmten Bedingungen entstehen und dass soziale Mechanismen gerade mit Blick auf solche Anfangsbedingungen erkannt werden können. Mit der Suche nach einem Akteurmodell, das einfach gehalten ist und damit auch empirisch handhabbar, schließt die AS an die Theorie des Wahlhandelns an. Sie folgt der Annahme, dass ein zu komplexes, viele Möglichkeiten des Handelns berücksichtigendes Modell methodisch nicht operationalisierbar ist.

»Desires«, »Beliefs« und »Opportunities«

Der Rückgriff auf Coleman und Esser führt Peter Hedström, neben Raymond Boudon einer der Gründer der AS, allerdings zu einer Modifikation der rationalen Handlungstheorie. Hedström stellt in seinem Handlungsmodell »Desires«, »Beliefs« und »Opportunities« ins Zentrum. Dieses sogenannte DBO-Modell soll es möglich machen, typisches Handeln von Akteuren zu identifizieren. Hedström will zuvorderst eine Theorie, die von Präzision und Klarheit getragen ist. Diesbezüglich schreibt er: »analytical theory is abstract, realistic and precise, and it seeks to explain specific social phenomena on the basis of explicitly formulated theories of action and interaction« (Hedström 2009: 9). Die AS richtet sich damit gegen mystifizierende unklare und ungenaue Aussagen in den Sozialwissenschaften. Eine Erklärung von sozialen Phänomenen soll letztlich durch das Zergliedern von Phänomenen und durch das Abstrahieren der Erkenntnisse erfolgen. Eine Erklärung im Sinne der AS ist demnach logisch konsistent, aber nicht nomologisch. Der letzte Punkt wird als Errungenschaft gegenüber der RCT angesehen. Wichtig ist der AS dabei vor allem eine Modallogik, mit der die Art und Weise, wie etwas geschieht, in Form eines mathematischen Ausdrucks festgehalten werden kann. Reduktion und Formalisierung wird als Aufgabe der Theorie begriffen. Andererseits führt der Versuch, Modallogik und gesellschaftliche Phänomene miteinander zu verknüpfen, wiederum zu einer Theorie des rationalen Wahlhandelns, wie das Beispiel des Philosophen und Soziologen John Elster zeigt (vgl. Elster 1981).

Mit dem Fokus auf soziale Phänomene, die durch einen Mechanismus auf Mikroebene erklärt werden sollen, kann das Thema der AS als die Untersuchung von sozialem Wandel beschrieben werden. Im Mikro-Makro-Modell führt ja die Summe von sozialem Handeln wiederum zu einer Aggregation auf Makroebene. Erklären und Verstehen fallen hier in eins, weil im Sinne der AS die Handlung des Individuums als Ausdruck von Sinn gewertet wird, der im Mechanismus, der die Erklärung darstellt, mit aufgehoben ist. Sozialer Wandel als Erklärungsgegenstand wird damit bei der AS in einer anderen wissenschaftstheoretischen Herangehensweise als z. B. bei der historischen Soziologie angewandt. Das Insistieren auf Mechanismen als Schlüssel zur Erklärung von sozialen Phänomenen ermöglicht sowohl die Übersetzung in computergestützte Simulationsmodelle als auch den Anschluss an Wissenschaften wie Ökonomie, Psychologie, Neurowissenschaften und Biologie. Die AS sieht nicht nur in den Erklärungen der Physik ein Vorbild, die häufig zum Vergleich herangezogen werden (vgl. z. B. Kalter/Kronenberg 2014: 96), sie orientiert sich auch an der Exaktheit einer mathematischen Logik, die einen Anschluss der Sozialwissenschaften an die »normal sciences« (Kuhn) ermöglichen soll. Die analytische Soziologie unternimmt damit eine Reformulierung der Kriterien der Wissenschaftlichkeit der Sozialwissenschaften, mit dem Ziel der Vereinheitlichung der Paradigmen. Ebenso wie in der RCT ist es ihr Anspruch, Erklärungen für alle sozialen Phänomene zu bieten.

Feld der Sozialwissenschaften

Bereits die hier aufgenommenen Ansätze zeigen, dass das sozialwissenschaftliche Feld denkbar vielfältig ist. Ein wenig Ordnung, ohne die Spannungen zwischen den Paradigmen aufzulösen, ist durch die Unterscheidung nach drei Kriterien möglich:

1. Argumentiert das Paradigma vor dem Hintergrund eines methodischen Kollektivismus oder eines methodischen Individualismus?
2. Auch wenn oben festgehalten wurde, dass in den meisten Paradigmen eine Mischung aus Sozialtheorie und Gesellschaftstheorie vorliegt, gibt es doch einen Schwerpunkt, der benannt werden kann.
3. Wie positioniert sich das Paradigma in Bezug auf die Naturwissenschaften?

Bezieht man zudem die Interpretationen des Paradigmas der Grundbegriffe »Erklären«, »Verstehen« und »Beschreiben« mit ein, dann ergibt sich ein wie folgt zusammengefasstes Bild:

- Die *Kritische Theorie* bedient sich des Modus der Aufklärung über die Gesellschaft und der Kritik an gesellschaftlichen Verhältnissen. Verstehen und Beschreiben gesellschaftlicher Zusammenhänge sprechen für den Vorrang einer Gesellschaftstheorie, das Interesse reicht aber auch auf die Ebene des Subjekts hinab. Die kausale Begründung erfolgt in Form des methodischen Kollektivismus. Die Beziehung zu den Naturwissenschaften ist weitestgehend durch Ablehnung geprägt.
- Die *Historische Soziologie* ist überwiegend gesellschaftstheoretisch interessiert. Sie sucht nach Erklärungen für Geschichtsprozesse, die meist idiographisch erfolgen. Ziel ist es, Muster, Pfade, Brüche und Strukturen im Entwicklungsverlauf der Gesellschaft zu finden. Die Beziehung zu den Naturwissenschaften ist kritisch. Während die Evolutionstheorie und auch der Gesetzesgedanke eine Zeit lang tonangebend waren, wurden beide im Laufe der Zeit zurückgedrängt.
- Der *Strukturfunktionalismus* ist eine Gesellschaftstheorie, in der mittels Aufzeigen von Kausalitäten Erklärungen gegeben werden. Sie folgt einem methodischen Kollektivismus und versucht, die Funktionslogik von Organismen und von Systemen zu verstehen. Das Paradigma ist an den Naturwissenschaften orientiert.
- Das *Interpretative Paradigma* will soziale Interaktion erklären und die Zuschreibung von Bedeutungen aufzeigen. Die Argumentation erfolgt im Sinne einer Sozialtheorie, die den Naturwissenschaften meist ablehnend gegenübersteht. Das Sinnverstehen von Handeln im Alltag sowie das Verstehen der Alltagsroutinen sind hier zentral.

- Der *Strukturalismus* strebt eine Erklärung durch das Aufdecken von Beziehungsgeflechten innerhalb einer Struktur an. Eine kulturelle Grammatik ist gleichzeitig kollektiv und subjektiv, sodass damit auf eine andere Ebene des Sozialen verwiesen wird. Während bei Lévi-Strauss die Mathematik in den Erklärungen eine große Rolle gespielt hat, ist das Interesse für die Naturwissenschaften bei anderen Vertretern gering. Der Poststrukturalismus dreht die Idee der Erklärung und des Verstehens um. Die Dekonstruktion hat das Aufbrechen von Sinn, die Formulierung von Gegenbegriffen sowie das Aufzeigen von Unordnung und Heterogenität zum Ziel.
- Die *Verhaltenstheorie* will Erklärung durch das Aufzeigen von gesetzmäßigem Verhalten in elementaren sozialen Interaktionen geben. Sie geht dazu deduktiv vor, indem sie Gesetze aus empirischen Sätzen ableitet. Sie ist sozialtheoretisch orientiert, hat aber keinen Anspruch, andere soziale Ebenen zu erklären. Die Verhaltenstheorie hat ihre Grundlagen in den Naturwissenschaften und ist an diese anschlussfähig.
- Die Rational Choice Theory will Erklärung für Handlungen geben; dies geschieht in Bezug auf deren Rationalität sowie im Blick auf allgemeine Gesetze. Sie präferiert einen methodischen Individualismus für die Erklärung kollektiver Phänomene. Die Erklärung erfolgt auf mehreren Stufen und in Form von Mechanismen. Sie ist an den Naturwissenschaften orientiert und bereitet ihre Ergebnisse so auf, dass sie für diese anschlussfähig sind.
- Die Analytische Soziologie strebt eine Mikrofundierung der soziologischen Erklärung an. Sie favorisiert eine exakte abstrahierte Erkenntnis, die nach den Regeln der Modallogik aufgestellt ist. Erklären und Verstehen fallen hierbei zusammen. Die AS sucht den direkten Anschluss an die Naturwissenschaften.

9. Logik der Sozialwissenschaften?

Tradition und Neuinterpretation

Die Sozialwissenschaften sind anders als andere Wissenschaften dazu gezwungen, sich ihrer Traditionslinien zu vergewissern und ggf. Neuinterpretationen vorzunehmen. Grund dafür ist zum einen, dass sie nicht über fraglos anerkannte und universelle Axiome verfügen, zum andern dass sie sich auf einen Gegenstand beziehen, der sich wandelt und zudem Ansprüche an die Sozialwissenschaften selbst stellt. Solche Ansprüche werden derzeit vor allem in Form von Kritik oder Misstrauen hörbar.

Mittels einer historischen Rekonstruktion konnte zunächst gezeigt werden, dass die Weichenstellungen, die in der wissenschaftlichen Revolution getätigt wurden, sowohl für die Natur- als auch für die Sozialwissenschaften von Bedeutung sind. Die Verhältnisbestimmung zwischen diesen beiden Wissenschaftsarten bestimmte das Schicksal der Sozialwissenschaften mehr als das der Naturwissenschaften. Die Versuche einer Anbindung der Sozialwissenschaften an die große und ältere Schwester gingen über den Import von Methoden und Metaphern hinaus und betrafen auch die Methodologie und ihren Gegenstand. Dass eine Sozialwissenschaft nach dem Vorbild der Naturphilosophie zum Scheitern verurteilt war, kann in der Zeit der wissenschaftlichen Revolution ebenso beobachtet werden wie die Tatsache, dass es Hobbes gelingt, eine Staatstheorie mit Mitteln der mechanischen Philosophie zu errichten. Die Geschichte der Sozialwissenschaften zeigt auch, dass Hobbes' Diktum, dass die Sozialwissenschaften weniger weit entwickelt seien als die Naturwissenschaften, lange von den Sozialwissenschaften selbst aufrechterhalten wurde.

Die Rede von den »zwei Kulturen«, die allmählich zum geflügelten Wort aufstieg, sollte allerdings nur unter Vorbehalt akzeptiert werden. Bezieht man diese Teilung auf die Natur- und die Sozialwissenschaften, was vom Urheber allerdings nicht so gedacht war, dann kann damit allenfalls ein Ausschnitt aus der Wissenschaftsgeschichte eingefangen werden, in dem die Trennung mehr oder minder stark präsent war.

Natur- und Sozialwissenschaften

Gegenwärtig gilt, dass es eher einen produktiven Austausch zwischen Natur- und Sozialwissenschaften gibt. Dafür spricht u. a. die Notwendigkeit, dass auch in den Sozialwissenschaften Kompetenzen aus Informatik und Mathematik eine immer größere Rolle spielen. Dafür spricht aber auch, dass sich z. B. die Physik sozialer Phänomene annimmt und diese mit naturwissenschaftlichen Methoden untersucht. Für die Sozialwissenschaften kann anhand von zwei Beispielen aufgezeigt werden, wie das Verhältnis zu den Naturwissenschaften aktuell neu bestimmt wird. Dazu soll kurz auf die Science & Technology Studies und die Wissenschaftsgeschichte eingegangen werden.

Wissen und Technik

Die Science & Technology Studies (STS) oder auch Wissenschafts- und Technikforschung ist eine seit ca. 40 Jahren existierende interdisziplinäre und internationale Spielart der Wissenschaft, die sich – grob gefasst – der Herstellung von Wissen und Technik widmet. In den letzten Jahren hat diese Forschung sich als Disziplin in den Sozialwissenschaften etabliert und ist eine Verbindung mit der Wissenschafts- und Wissenssoziologie eingegangen. Ihre Themen reichen von Untersuchungen zu Wissenskulturen in den Naturwissenschaften über die Analyse, wie wissenschaftliche Fakten im Labor hergestellt werden, bis zur Frage nach dem Einfluss von Maschinen auf die soziale Welt. Mit den STS wird also auf Grundlage eines sozialwissenschaftlichen Erkenntnisinteresses die Welt der Naturwissenschaften und der Technik untersucht, die immer auch eine soziale Welt ist. Damit wird aber auch eine Brücke zwischen den Natur- und Sozialwissenschaften gebaut, die dazu geführt hat, dass an naturwissenschaftlichen Instituten selbst Wissenschaftsforschung betrieben wird.

Das zweite Beispiel ist die Wissenschaftsgeschichte. Klassischerweise ist sie mit der Entstehung und der Entwicklung der Wissenschaften beschäftigt. Prinzipiell offen für Natur- und Sozialwissenschaften richtet sie in Europa und den USA den Fokus auf die Untersuchung der Naturwissenschaften. Interessant ist, dass sich in den letzten Jahren verstärkt sozialwissenschaftliche Forschungszugänge, aber auch Problem- und Fragestellungen der Sozialwissenschaften im Blick auf die Naturwissenschaften durchgesetzt haben. Auch im historischen Blick auf die Wissenschaft rücken gegenwärtig Natur- und Sozialwissenschaften zusammen, sie profitieren von der jeweils anderen Perspektive. In den Darstellungen der vergangenen Kapitel wurde mehrfach auf den Wissenschaftssoziologen Robert K. Merton und auf den Wissenschaftsphilosophen Thomas Kuhn verwiesen, beide haben ihre Spuren in der Wissenschaftsgeschichte hinterlassen. Darüber hinaus sind Diskursanalysen, Gender Studies und der Einbezug von Gesellschafts- und Sozialgeschichte in die Wissenschaftsgeschichte Zeichen für ein Bemühen, Wissenschaft in einem gesellschaftlichen und kulturellen Kontext zu betrachten.

Mit diesen beiden Beispielen, zu denen auch noch zahlreiche inhaltliche Schnittpunkte von Natur- und Sozialwissenschaften hinzugefügt werden können, wird die Rede von den »zwei Kulturen« fragwürdig. Eine Konsequenz aus dieser Zusammenarbeit und aus »Interdisziplinen« wie der Wissenschaftsforschung ist aber auch die, dass sich Wissenschaftstheorie für diese Zusammenarbeit interessieren muss und nach Möglichkeiten und Grenzen des Austauschs von Methodologien fragen muss.

Eine Alternative zum Modell der »zwei Kulturen« wurde mit den »drei Kulturen« aufgegriffen, bei denen die Sozialwissenschaften zwischen Literatur auf der einen und Naturwissenschaften auf der anderen Seite angesiedelt sind. Die Konkurrenz zwischen Literatur und Soziologie ist ebenfalls nur episodisch, dennoch wurden im Laufe der Zeit sowohl Methoden und Ideen aus den Literaturwissenschaften übernommen wie auch ein Zugang zur sozialen Welt über die Literatur gesucht. Mit dem Poststrukturalismus wird zudem ein Gegenstandsbereich in die soziale Welt eingeholt, der selbst mit Konversationsanalyse und Soziolinguistik kaum berücksichtigt werden konnte.

Mehrere Logiken

Die Frage, ob es eine Logik der Sozialwissenschaften gibt, ist mit bisher Gesagtem eindeutig zu beantworten: Es gibt nicht nur eine Logik der Sozialwissenschaften, sondern mehrere, die in den jeweiligen Forschungsparadigmen angesiedelt sind. Das Soziale funktioniert auf ganz verschiedene Arten und Weisen und genau so kommt es auch aus unterschiedlichen Forschungsperspektiven in den wissenschaftlichen Blickpunkt. Die mittlerweile etablierte und kaum mehr auflösbare Multiparadigmatik in den Sozialwissenschaften macht es nicht möglich, von einer Logik zu sprechen, wie sie vielleicht einmal für die Naturwissenschaften behauptet werden konnte. Gleichzeitig ist aber aus den Versuchen der Vereinheitlichung der Sozialwissenschaften genauso etwas zu lernen wie aus den Diskussionen um den Positivismus und die Werturteilsfreiheit. Dass die Multiparadigmatik nicht aufzulösen ist, bedeutet für die Wissenschaftstheorie, dass ihr die Aufgabe zukommt, das Erkenntnisinteresse, die Möglichkeiten, aber auch die Grenzen eines jeweiligen Paradigmas aufzuzeigen. Dazu ist es nicht zuletzt nötig, der Wissenschaftstheorie in Studium, Lehre und Forschung einen größeren Platz einzuräumen, der die Möglichkeit bietet, sich tiefer mit Fragen des »Was«, »Warum« und »Wozu« der Sozialwissenschaften und mit ihren jeweiligen Ansätzen auseinanderzusetzen, als es im Rahmen einer Einführung möglich ist.

Anmerkungen

1 Vgl. z. B. https://www.wahrheiten.org/blog/corona-luege/ 01.12.2022.

2 Populär und öffentlichkeitswirksam wurde der Fall einer Darmstädter Soziologin im Jahr 2019, der in mehreren Werken Plagiate nachgewiesen werden konnten. Erwähnenswert ist der Fall allein deshalb, weil in der öffentlichen Meinung daraufhin der Stellenwert der Wissenschaftlichkeit der Sozialwissenschaften auf das Niveau von Abschreiben und Thesen erfinden reduziert wurde. Vgl. dazu die Stellungnahme der DGS vom 03.06.2022 unter https://soziologie.de/aktuell/stellungnahmen/news/stellungnahme-zum-plagiatsfall-koppetsch.

3 Wenn nachfolgend von Naturphilosophie und Naturwissenschaft, analog dazu von Sozialphilosophie und Sozialwissenschaften die Rede ist, dann werden die Begriffe weitgehend synonym verwendet. Genau genommen gehen beide Wissenschaften als eine spätere Entwicklung erst aus der Naturphilosophie hervor.

4 Die Geschichte des Wiener Kreises setzt bereits früher an, die 1920er Jahre können aber als Phase der inhaltlichen und personellen Konstituierung angesehen werden. Vgl. zur Geschichte des Wiener Kreises Stadler 2015, Sigmund 2018.

5 Zu Geschichte und Theorie der wichtigsten Vertreter vgl. die Einführung von Nagl 1998.

6 https://blog.astafu.de/rechte-ideologie-exmatrikulieren 01.12.2022.

7 Zum Pragmatismus s. Kapitel 8.

8 Warum »Das Credo eines Metaphysikers. Kommentare zu Poppers Logik der Forschung«, so der genaue Titel des Aufsatzes, erst im Jahr 1985 erschienen ist, kann nur vermutet werden. Elias gibt an, dass es sich um eine überarbeitete Fassung eines Vortrags aus dem Jahr 1971 handelt. Wie aus Berichten von Mitarbeitern und Kollegen zu erfahren ist, handelt es sich bei Übersetzungen, die Elias selbst betreut hat, immer um langwierige Angelegenheiten. Außer Frage steht aber, dass Poppers Buch auch in den 1980er Jahren noch eine große Bedeutung zugesprochen wurde. Bis zur Werkausgabe im Jahr 2005 erschien das Buch in zahlreichen Auflagen unterschiedlicher Verlage.

9 Einführend zur Phänomenologie s. Waldenfels 1992, zur Phänomenologischen Soziologie s. Fischer 2012.

Literatur

Abels, Heinz 2004: Interaktion, Identität, Präsentation. Wiesbaden. VS Verlag.

Adorno, Theodor W. 2003: Soziologische Schriften 1. Frankfurt a. M. Suhrkamp.

Albert, Hans 1971: Plädoyer für einen kritischen Rationalismus. München. Piper.

Albert, Gert 2010: Der Werturteilsstreit. In: Georg Kneer, Stephan Moebius: Soziologische Kontroversen. Frankfurt a. M. Suhrkamp.

Albert, Gert/Bienfait, Agathe u. a. 2006: Das Weber-Paradigma. Wiesbaden. VS.

Albert, Hans 1972 (Hg.): Theorie und Realität. Ausgewählte Aufsätze. Tübingen. Mohr.

Albert, Hans 1985: Mißverständnisse eines Kommentators – Zu Norbert Elias, Das Credo eines Metaphysikers. In: Zeitschrift für Soziologie 1985/4. S. 265–267.

Arendt, Hannah 1963: Über die Revolution. München. Piper.

Bakker, Hans J. 2007: Scientific Revolution. In: The Blackwell Encyclopedia of Sociology. Hoboken. Wiley and Sons.

Barthes, Roland 2015: Mythen des Alltags. Berlin. Suhrkamp.

Bendix, Reinhard 1962: Max Weber. An Intellectual Portrait. New York. Anchor Books.

Berger, Peter/Luckmann, Thomas 1969: Die gesellschaftliche Konstruktion der Wirklichkeit. Frankfurt a. M. Fischer.

Bergmann, Jörg. R./Meyer, Christian 2021: Ethnomethodologie Reloaded. Bielefeld. transcript.

Blühdorn, Jürgen/Ritter, Joachim 1971: Positivismus im 19. Jahrhundert. Frankfurt a. M. Klostermann.

Blumer, Herbert 1973: Der methodologische Standpunkt des Symbolischen Interaktionismus. In: Arbeitsgruppe Bielefelder Soziologen: Alltagswissen, Interaktion und gesellschaftliche Wirklichkeit. Reinbek. Rororo.

Bossard, James H. 1929: Robert Ellis Thompson--Pioneer Professor in Social Science. In: AJS, 35/2. S. 239–249.

Bottomore, Tom/Nisbet, Martin 1978: A History of Sociological Analysis. London. Heinemann.

Bourdieu, Pierre 1974: Zur Soziologie der symbolischen Formen. Frankfurt a. M. Suhrkamp.

Braun, Norman/Voss, Thomas 2014: Zur Aktualität von James Coleman. Wiesbaden. Springer VS.

Breslau, Daniel 2007: The American Spencerians: Theorizing a New Science. In: Craig.

Calhoun (Hg.): Sociology in America. Chicago and London.

Coleman, James 1968: Review. Studies in Ethnomethodology. In: American Sociological Review, 33/1. S. 126–130.

Coleman, James 1991: Grundlagen der Sozialtheorie. München. Oldenbourg.

Comte, Auguste 1933: Die Soziologie. Die positive Philosophie im Auszug. Leipzig. Kröner.

Cooley, Charles Horton 1902: Human Nature and Social Order. New York. Charles Scribners.

Corsten, Michael 2020: Zur symbolischen Geltungsweise sozialer Praxis. In: Zeitschrift für Soziologie 2020. 49. S. 11–27.

Dahrendorf, Ralf 1968: Die angewandte Aufklärung. Gesellschaft und Soziologie in Amerika. Frankfurt a. M. Fischer.

Dahrendorf, Ralf 1972: Anmerkungen zur Diskussion. In: Theodor W. Adorno u. a.: Der Positivismusstreit in der deutschen Soziologie. Neuwied und Berlin. Luchterhand.

Dahrendorf, Ralf 1977: Homo Sociologicus. Opladen. Westdeutscher Verlag.

Deleuze, Gilles 1992: Woran erkennt man Strukturalismus? Berlin. Merve Verlag.

Durkheim, Émile (1895) 1984: Die Regeln der soziologischen Methode. Frankfurt a. M. Suhrkamp.

Durkheim, Émile 1992: Über soziale Arbeitsteilung. Frankfurt a. M. Suhrkamp.

Durkheim, Émile/Mauss, Marcel 2009: Primitive Classification. London. Cohen and West.

Eisenstadt, Shmuel N. 2000: Die Vielfalt der Moderne. Weilerswist. Velbrück.

Elias, Norbert 1985: Das Credo eines Metaphysikers. In: Zeitschrift für Soziologie 14/2. S. 93–114.

Elias, Norbert 1985a: Wissenschaft oder Wissenschaften? In: Zeitschrift für Soziologie, Jg. 14, Heft 4, S. 268–281.

Elias, Norbert 1997: Über den Prozeß der Zivilisation. 2 Bd. Frankfurt a. M. Suhrkamp.

Elster, John 1981: Logik und Gesellschaft. Frankfurt a. M. Suhrkamp.

Eriksen, Thomas H. 2001: A History of Anthropology. London. Pluto Press.

Esser, Hartmut 1991: Rational Choice. In: Berliner Journal für Soziologie, Heft 2. S. 217–231.

Feltes, Torsten 2009: Positivismus, Positivismusstreit und der Aufstieg empiristischer Erziehungswissenschaft. In: Armin Bernhard/ Jochen Gamm (Hg.): Jahrbuch für Pädagogik.

Fischer, Joachim 2014: Multiparadigmatizität der Soziologie. Übersichten, Unterscheidungen, Ursachen und Umgangsformen. In: Stephan Kornmesser/Gerhard Schurz (Hg.): Die multiparadigmatische Struktur der Wissenschaften. Wiesbaden. VS.

Fischer, Peter 2012: Phänomenologische Soziologie. Bielefeld. transcript.

Foucault, Michel 1969: Die Archäologie des Wissens. Frankfurt a. M. Suhrkamp.

Foucault, Michel 1987: Das Subjekt und die Macht. In: Hubert Dreyfus: Jenseits von Strukturalismus und Hermeneutik. Frankfurt a. M. Athenäum.

Garfinkel, Harold 1996: Ethnomethodology's Program. Social Psychology Quarterly. Nr. 59/1. S. 5–21.

Gergen, Kenneth J. 2011: The social dimension of social psychology: a historical analysis. In: Arie W. Kruglanski, Wolfgang Stroebe (Hg.): Handbook of the History of Social Psychology. London. Taylor and Francis.

Giddens, Anthony 1984: The Constitution of Society. London. Polity Press.

Goffman, Erving 1968: Interaktionsrituale. Frankfurt a. M. Suhrkamp.

Goffman, Erving 1974: Frame Analysis. An Essay on the Organization of Experience. Boston. Northeastern University Press.

Goffman, Erving 1986: Interaktionsrituale. Über Verhalten in direkter Kommunikation. Frankurt a. M. Suhrkamp.

Graf, Friedrich Wilhelm 2008: Vorwort. In: Ernst Troeltsch: Kritische Gesamtausgabe. Band 16/1. Berlin/New York. De Gruyter.

Habermas, Jürgen 1972: Analytische Wissenschaftstheorie und Dialektik. In: Theodor W. Adorno u. a.: Der Positivismusstreit in der deutschen Soziologie. Neuwied und Berlin. Luchterhand.

Habermas, Jürgen 1973: Zur Logik der Sozialwissenschaften. Frankfurt a. M. Suhrkamp.

Habermas, Jürgen 1982: Zur Rekonstruktion des Historischen Materialismus. Frankfurt a. M. Suhrkamp.

Hahn, Hans 1931: Die Bedeutung der wissenschaftlichen Weltauffassung, insbesondere für Mathematik und Physik. In: Erkenntnis. Bd. 1. S. 96–105.

Hedström, Peter 2009: Dissecting the Social. Cambridge. University Press.

Heilbron, Johan 2004: The rise of social science disciplines in France. In: European Journal of Social Sciences. Online: http://journals.openedition.org/ress/394. 01.12.2022.

Hemleben, Johannes 1969: Galilei. Reinbek. Rororo.

Hettlage, Robert 2007: Erving Goffman. In: Dirk Kaesler (Hg.): Klassiker der Soziologie 2. München. C. H. Beck.

Heyl, John D. 1975: Paradigms in Social Science. In: Society. Vol. 12. S. 61–67.

Hobbes, Thomas [1651] 1986: Leviathan. Stuttgart. Reclam.

Hobbes, Thomas [1889]: The Elements of Law. Natural and Politics. London. Simpkin, Marshall and Co.

Hobbes, Thomas 1915: Lehre vom Körper. Leipzig. Meiner.

Hobsbawm, Eric 2011: How to Change the World. New Haven and London. Yale University Press.

Homans, George Caspar 1972: Elementarformen sozialen Verhaltens. Opladen. Westdeutscher Verlag.

Horkheimer, Max (1937) 1970: Traditionelle und kritische Theorie. Frankfurt a. M. Fischer.

Horkheimer, Max/Flowerman, Samuel H. 1950: Studien über Autorität und Vorurteil. Frankfurt a. M. Institut für Sozialforschung.

Husserl, Edmund 1950: Die Idee der Phänomenologie. Nijhoff, Den Haag. Husserliana.

Husserl, Edmund 2012: Die Krisis der europäischen Wissenschaften und die transzendentale Phänomenologie. Hamburg. Felix Meiner.

Joas, Hans 1992: Pragmatismus und Gesellschaftstheorie. Frankfurt a. M. Suhrkamp.

Junge, Matthias 2008: Strukturalismus/Poststrukturalismus. In: Ditmar Brock/Matthias Junge: Soziologische Paradigmen nach Talcott Parsons. Wiesbaden. Springer VS.

Kahlberg, Stephen 1994: Max Webers Comparative Historical Sociology. Oxford. Polity Press.

Kalter, Frank/Kronenberg, Clemens 2014: Between Mechanism Talk and Mechanism Cult: New Emphases in Explanatory Sociology and Empirical Research. In: Kölner Zeitschrift für Soziologie und Sozialpsychologie, Heft 66. S. 91–115.

Keller, Reiner 2012: Das interpretative Paradigma. Wiesbaden. Springer VS.

Kepler, Johannes 2005: Astronomia Nova. Wiesbaden. Marix.

Kocka, Jürgen 1987: Sozialgeschichte. Göttingen. Vandenhoeck & Ruprecht.

Konegen, Norbert/Sondergeld, Klaus 1985: Wissenschaftstheorie für Sozialwissenschaftler. Opladen. Leske.

König, René 1979: Einige Überlegungen zur Frage der Werturteilsfreiheit bei Max Weber. In: Hans Albert und Ernst Topitsch: Werturteilsstreit. Darmstadt. Wissenschaftliche Buchgesellschaft.

Kößler, Reinhard/Wienold, Hanns 2000: Gesellschaft bei Marx. Münster. Westfälisches Dampfboot.

Kraft, Victor 1950: Der Wiener Kreis. Wien. Springer Verlag.

Kuhn, Thomas S. 1973: Die Struktur wissenschaftlicher Revolutionen. Frankfurt a. M. Suhrkamp.

Lachmann, Richard 2013: What is Historical Sociology? Cambridge. Polity Press.

Lauth, Hans-Joachim/Wagner, Christian 2019: Politikwissenschaft. Eine Einführung. Paderborn. Schöningh.

Lefebvre, Henri 1972: Soziologie nach Marx. Frankfurt a. M. Suhrkamp.

Lemke, Matthias/Schaal, Gary S. 2014: Paradigmenpluralität in der Politikwissenschaft. In: Stephan Kornmesser/Gerhard Schurz (Hg.): Die multiparadigmatische Struktur der Wissenschaften. Wiesbaden. VS.

Lepenies, Wolf 1985: Die drei Kulturen. München/Wien. Hanser.

Lerner, Max 1960: Amerika. Wesen und Werden einer Kultur. Geist und Leben der Vereinigten Staaten von heute. Darmstadt. Europäische Verlagsanstalt.

Leroux, Robert 2018: History and Sociology in France. New York and London. Routledge.

Lévi-Strauss, Claude 1976: Mythologica 1–4. Frankfurt a. M. Suhrkamp.

Lichtblau, Klaus 2012: Einleitung. In: Ferdinand Tönnies: Studien zu Gemeinschaft und Gesellschaft. Wiesbaden. Springer VS.

Lindberg, David C./Westmann, Robert S. 1990: Reappraisals of the Scientific Revolution. Cambridge. University Press.

Locke, John 1823: Two Treatises of Government. London. McMaster.

Locke, John 2016: Versuch über den menschlichen Verstand. Buch I bis IV. Berlin. Heimann.

Luhmann, Niklas 1978: Die Gesellschaft der Gesellschaft. 2 Bd. Frankfurt a. M. Suhrkamp.

Luhmann, Niklas 2019: Probleme der Systemtheorie in der soziologischen Diskussion. In: Soziale Systeme, 24. S. 3–17.

Machiavelli, Niccolò (1513) 1997: Der Fürst. Leipzig. Reclam.

Magerski, Christine/Karpenstein-Eßbach, Christa 2019: Literatursoziologie. Wiesbaden. Springer VS.

Maier, Hans 1996: Zur Wissenschaftsgeschichte der Politikwissenschaft. In: Hans J. Lietzmann, Wilhelm Bleek (Hg.): Politikwissenschaft. Geschichte und Entwicklung in Deutschland und Europa. München und Wien. Oldenbourg.

Malinowski, Bronislaw 1975: Eine wissenschaftliche Theorie der Kultur. Frankfurt a. M. Suhrkamp.

Mandelbaum, Maurice 2006: Historicism. In: Donald M. Borchert: Encyclopedia of Philosophy. Detroit, New York. Thomson Gale. S. 389–394.

Mannheim, Karl 1924: Das Problem einer Soziologie des Wissens. In: Archiv für Sozialwissenschaften und Sozialpolitik. Tübingen. Mohr.

Marx, Karl (1890) 1977: Das Kapital. Band I–III. Berlin. Dietz Verlag.

Marx, Karl/Engels, Friedrich 1848: Manifest der Kommunistischen Partei. London. Bildungsgesellschaft.

Marx, Karl/Engels, Friedrich (1846) 1932: Die Deutsche Ideologie. In: Marx/Engels Werke, MEW 3. Berlin. Dietz.

Marx, Karl/Engels, Friedrich (1845) 1966: Thesen über Feuerbach. In: Karl Marx, Friedrich Engels: Ausgewählte Schriften in zwei Bänden. Berlin. Dietz.

Massey, Walter E. 2018: C. P. Snow and the Two Cultures, 60 Years Later. In: European Review, Vol. 27, No. 1, S. 66–74.

Mead, George Herbert 1968: Geist, Identität und Gesellschaft. Frankfurt a. M. Suhrkamp.

Merton, Robert K. 1995: Soziologische Theorie und soziale Struktur. Berlin. De Gruyter.

Miebach, Bernd 2010: Soziologische Handlungstheorie. Wiesbaden. VS.

Moebius, Stephan/Reckwitz, Andreas (Hg.) 2008: Poststrukturalistische Sozialwissenschaften. Frankfurt a. M. Suhrkamp.

Moore, Barrington 1987: Ungerechtigkeit. Die sozialen Ursachen von Unterordnung und Widerstand. Frankfurt a. M. Suhrkamp.

Müller, Hans-Peter 2007: Max Weber. Köln/Weimar. Böhlau.

Müller, Hans-Peter 2018: Einführung. In: Ders. und Tilmann Reitz (Hg.): Simmel-Handbuch. Berlin. Suhrkamp.

Nagl, Ludwig 1998: Pragmatismus. Frankfurt/New York. Campus.

Neurath, Otto 1931: Wege der wissenschaftlichen Weltauffassung. In: Erkenntnis. Nr. 1 S. 106–125.

Park, Robert E. 1950: Race and Culture. The Collected Papers. Glencoe. The Free Press.

Parsons, Talcott 1937: The Structure of Social Action. New York. The Free Press.

Parsons, Talcott 1964: The Social System. New York. The Free Press.

Plessner, Helmut 1974: Die verspätete Nation. Frankfurt a. M. Suhrkamp.

Popper, Karl R. 1972: Zur Logik der Sozialwissenschaften. In: Theodor W. Adorno u. a.: Der Positivismusstreit in der deutschen Soziologie. Neuwied und Berlin. Luchterhand.

Popper, Karl R. 1974: Das Elend des Historizismus. Tübingen. Mohr Siebeck.

Popper, Karl R. 1995: Lesebuch. Tübingen. Mohr.

Popper, Karl R. 2017: Die Logik der Sozialwissenschaften. Referat. In: KZfSS Suppl. 1. 69, S. 215–228.

Raab, Jürgen 2018: Erving Goffman. Konstanz. UVK.

Reckwitz, Andreas 2000: Die Transformation der Kulturtheorien. Zur Entwicklung eines Theorieprogramms. Weilerswist. Velbrück.

Rehbein, Boike 2013: Kaleidoskopische Dialektik. Kritische Theorie nach dem Aufstieg des globalen Südens. Konstanz. UVK.

Rickert, Heinrich 1926: Kulturwissenschaften und Naturwissenschaften. Tübingen. Mohr Siebeck.

Riesman, David 1950: The Lonely Crowd. New Haven. Yale University Press.

Ritsert, Jürgen 1996: Einführung in die Logik der Sozialwissenschaften. Münster. Westfälisches Dampfboot.

Ritsert, Jürgen 2010: Der Positivismusstreit. In: Georg Kneer/Stephan Moebius: Soziologische Kontroversen. Frankfurt a. M. Suhrkamp.

Rossi, Pietro 1987: Vom Historismus zur historischen Sozialwissenschaft. Frankfurt a. M. Suhrkamp.

Schäfer, Hilmar 2022: Pierre Bourdieu – ein post-strukturales Denken. In: Heike Delitz (Hg.): Soziologische Denkweisen aus Frankreich. Wiesbaden. Springer VS.

Schatzmann, Leonard/Strauss, Anselm 1973: Field Research. Strategies for a Natural Sociology. Englewood. Prentice-Hall.

Schluchter, Wolfgang 2015: Grundlegungen der Soziologie. Eine Theoriegeschichte in systematischer Absicht. Tübingen. Mohr Siebeck.

Schneider, Wolfgang Ludwig 2008: Grundlagen der Soziologie. Band 1. Wiesbaden. Springer VS.

Schuster, John A. 1990: The Scientific Revolution. In: R. Colby, G. N. Cantor u. a. (Hg.): Companion to the History of Modern Science. London and New York. Routledge.

Schütz, Alfred 1971: Das Problem der sozialen Wirklichkeit. Gesammelte Aufsätze Bd. 1. Den Haag. Nijhof.

Schütz, Alfred 1981: Der sinnhafte Aufbau der sozialen Welt. Eine Einleitung in die verstehende Soziologie. Frankfurt a. M. Suhrkamp.

Schütz, Alfred 2010: Zur Methodologie der Sozialwissenschaften. Alfred Schütz Werkausgabe Band IV. Konstanz. UVK.

Schütz, Alfred/Luckmann, Thomas 2003: Strukturen der Lebenswelt. Konstanz. UVK.

Seiffert, Helmut 1971: Einführung in die Wissenschaftstheorie 1. München. C. H. Beck.

Seiffert, Helmut 1972: Einführung in die Wissenschaftstheorie 2. München. C. H. Beck.

Seiffert, Helmut 1979: Einführung in die Wissenschaftstheorie 3. München. C. H. Beck.

Seiffert, Helmut 1995: Einführung in die Wissenschaftstheorie 4. München. C. H. Beck.

Shapin, Steven 1998: Die wissenschaftliche Revolution. Frankfurt a. M. Fischer.

Sigmund, Karl 2018: Sie nannten sich Der Wiener Kreis. Wiesbaden. Springer.

Snow, C. P. 1959: The Rede Lecture. Cambridge. University Press.

Soeffner, Hans-Georg 2004: Auslegung des Alltags – Der Alltag der Auslegung. Konstanz. UVK.

Spencer, Herbert 1882: The principles of sociology. London. Williams and Norgate.

Stadler, Friedrich 2015: Der Wiener Kreis. Wiesbaden. Springer.

Stäheli, Urs 2015: Poststrukturalistische Soziologien. Bielefeld. transcript.

Steinmetz, Georg 2007: The Relations between Sociology and History in the United States: The Current State of Affairs. In: Journal of Historical Sociology Vol. 20. No. 1. S. 1–12.

Steinmetz, Georg 2020: Historismus und Positivismus in der Soziologie. In: Mittelweg 36. Heft 3. S. 25–57.

Strauss, Anselm 1974: Spiegel und Masken. Die Suche nach Identität. Frankfurt a. M. Suhrkamp.

Strauss, Anselm/Glaser, Barney 1998: Grounded Theory. Bern, Göttingen. Hans Huber.

Strauss, Leo 1979: Die Unterscheidung von Tatsachen und Werten. In: Hans Albert und Ernst Topitsch: Werturteilsstreit. Darmstadt. Wissenschaftliche Buchgesellschaft.

Thomas William I./Thomas, Dorothy 1928: The child in America. New York. Alfred Knopf.

Thomas William I./Znaniecki, Florian 1958: The Polish Peasant in Europe and America. New York. Dover Publications.

Tocqueville, Alexis de (1840) 1967: Über die Demokratie in Amerika. Stuttgart. Reclam.

Tönnies, Ferdinand 1991: Gemeinschaft und Gesellschaft. Darmstadt. Wissenschaftliche Buchgesellschaft.

Topitsch, Ernst (Hg.) 1972: Die Logik der Sozialwissenschaften. Köln. Kiepenheuer und Witsch.

Troeltsch, Ernst 2008: Der Historismus und seine Probleme. In: Ders.: Kritische Gesamtausgabe. Band 16/1. Berlin/New York. De Gruyter.

Turner, Jonathan H. 2001: The Origins of Positivism. The Contributions of Auguste Comte and Herbert Spencer. In: George Ritzer/ Barry Smart (Hg.). Handbook of Social Theory. London. Sage Publications.

Turner, Jonathan H. 2019: The More American Sociology Seeks to Become a Politically-Relevant Discipline, the More Irrelevant it Becomes to Solving Societal Problems. In: The American Sociologist. https://doi.org/10.1007/s12108-019-09420-5 01.12.2022.

Von Ferber, Christian 1972: Der Werturteilsstreit 1909/1959. In: Ernst Topitsch (Hg.): Die Logik der Sozialwissenschaften. Köln. Kiepenheuer und Witsch.

Wagner, Gerhard 2001: Die Wissenschaftstheorie der Soziologie. Ein Grundriss. München. Oldenbourg.

Waldenfels, Bernhard 1992: Einführung in die Phänomenologie. München. Wilhelm Fink.

Wallerstein, Immanuel 2004: Das moderne Weltsystem I. Wien. Promedia.

Weber, Max 1988: Gesammelte Aufsätze zur Wissenschaftslehre. Tübingen. Mohr Siebeck.

Wehler, Ulrich 1973: Geschichte als Historische Sozialwissenschaft. Frankfurt a. M. Suhrkamp.

Weingart, Peter 2005: Öffentlichkeit der Wissenschaft – Betrug in der Wissenschaft. In: Deutsche Forschungsgemeinschaft Wissenschaftliches Fehlverhalten – Erfahrungen von Ombudsgremien. Tagungsbericht. Weinheim. Willey.

Werkmeister, William H. 1936: The Second International Congress for the Unity of Science. In: The Philosophical Review. Nr. 45/6. S. 593–600.

Whitehead, Alfred North 1917: The Organisation of Thought. London. Williams and Norgate.

Whitehead, Alfred North 1920: The Concept of Nature. Cambridge. University Press.

Wiener Kreis 1929: Wissenschaftliche Weltauffassung. Wien. Artur Wolf Verlag.

Windelband, Wilhelm 1904: Geschichte und Naturwissenschaft. Strassburg. Heitz.

York, Richard/Clark, Brett 2006: Marxism, Positivism, and Scientific Sociology. Social Gravity and Historicity. In: The Sociological Quarterly. Vol. 47/3. S. 425–450.

Soziologie

Michael Volkmer, Karin Werner (Hg.)
Die Corona-Gesellschaft
Analysen zur Lage und Perspektiven für die Zukunft

2020, 432 S., kart., 2 SW-Abbildungen
24,50 € (DE), 978-3-8376-5432-5
E-Book:
PDF: 21,99 € (DE), ISBN 978-3-8394-5432-9
EPUB: 21,99 € (DE), ISBN 978-3-7328-5432-5

Vera Hofmann, Johannes Euler, Linus Zurmühlen, Silke Helfrich
Commoning Art –
Die transformativen Potenziale
von Commons in der Kunst

Juli 2022, 124 S., kart
19,50 € (DE), 978-3-8376-6404-1
E-Book: kostenlos erhältlich als Open-Access-Publikation
PDF: ISBN 978-3-8394-6404-5

Kerstin Jürgens
Mit Soziologie in den Beruf
Eine Handreichung

2021, 160 S., kart.
18,00 € (DE), 978-3-8376-5934-4
E-Book:
PDF: 17,99 € (DE), ISBN 978-3-8394-5934-8

Leseproben, weitere Informationen und Bestellmöglichkeiten finden Sie unter www.transcript-verlag.de